JN080648

砂糖不使用。
麹と野菜、炊飯器だけでできる！

発酵ベジあんのおかずとおやつ

監修　藤井 寛（発酵あんこ研究家）
著者　木村幸子

WAVE出版

はじめに

「発酵ベジあん」とは、野菜に米麹を加えて発酵させ、砂糖を使わずに作る〝野菜の発酵あんこ〟です。

発酵ベジあんが生まれたきっかけは、野菜が大好きな方はもちろん、小さなお子様、野菜嫌いの方からお年寄りまで、もっと野菜の栄養を手軽に摂取・吸収できるものがあればというところから始まっています。病気やウイルスに負けない元気な体を作るには、いかに栄養を吸収できるかがポイント。偏った食生活をしていたり、加工食品ばかり食べていたり、また、病気をしたり、高齢になるとともに、吸収率も下がってしまいます。

前著、『発酵あんこのおやつ』(弊社刊)では、あずきや白花豆、レンズ豆やひよこ豆など澱粉を多く貯め込む豆類を米麹によって発酵させて作る甘さ控えめのスイーツレシピをご提供いたしました。この発想を得て、澱粉質を多く含む野菜を発酵させたものが「発酵ベジあん」になります。

野菜にはビタミンやミネラル、食物繊維など健康に欠かすことのできない栄養素が凝縮されています。これに麹の発酵の力を借りれば、野菜の発酵で生まれるさまざまな栄養素と麹の酵素で分解されて作り出されたグルコースを始めとする糖類、アミノ酸が融合されます。そしてこれらは、体内に吸収されやすく、エネルギーに変換されやすくなるのです。

また、澱粉質の多い野菜は、分子が大きいため、舌の味蕾(みらい)細胞では甘さを感じにくいのですが、ブドウ糖に変換された甘味は舌で甘さを感じることができ、調理の際に砂糖やみりんなどの使用を最小限に抑えることができます。

本書でご紹介する発酵ベジあんは9種類ですが、これまでにも何種もの野菜を試作をした中でベストなものを紹介させていただいております。

作り方もとってもシンプル。野菜をやわらかく蒸して、そのあとは炊飯器に米麹とともに入れ、時々混ぜながら発酵させるだけ。難しい作業はありません。まずはぜひ、ご紹介している中から気になる野菜で1つ「発酵ベジあん」を作ってみて下さい。本書のレシピでは、さまざまな発酵ベジあんで同じ料理を作ることも可能ですので、レシピの幅もさらに広がることでしょう。

おそらく、このような発酵と数種類の野菜のあんをテーマにしたレシピ本は世界でも初めての試みかもしれません。「発酵ベジあん」そのもの自体は、菜食主義やヴィーガンの方にも使用いただけます。お子様から高齢者まで、私たちの日々の食事やおやつはもちろんのこと、使い方次第で菜食主義やヴィーガンのレシピにまで、今後さらに「発酵ベジあん」はいろいろな形で進化し、さまざまなところで活用されることと思います。

皆様の生活にこの「発酵ベジあん」が健康作りのお役に立てれば、この上ない幸せです。

藤井 寛
木村幸子

発酵ベジあんは、
麹の力で野菜の栄養と
うま味を吸収しやすくした、
体が喜ぶ野菜の発酵あんこです。
いろいろな野菜で
作れるのも魅力です。

本書で使う発酵ベジあん9種を紹介します

発酵じゃがいもあん

粘度の少ない男爵いもと米麹で作ります。根菜特有の土臭さも消え、イメージとはまったく異なる味わいが生まれます。色の邪魔もしないのでお菓子や料理作りにオールマイティーに使えます。

発酵かぼちゃあん

手に入りやすい西洋かぼちゃと米麹で作ります。発酵かぼちゃあんにすることで、かぼちゃ特有の苦味や青臭さもなくなり、非常に強い甘さとコク、うま味がアップします。お菓子や料理作りに活躍します。

発酵紫いもあん

紫いもにはポリフェノールである紫色素アントシアニンが豊富で抗酸化作用が期待できます。ベジあんにすると紫色が発色して、スープやソース、ドレッシングなど料理に彩りも添えます。

発酵さつまいもあん

脂質が少ないことを除けば、準完全食品とも呼べるほど優秀な食材。麹発酵させることで、澱粉がブドウ糖に変わり、甘さとうま味がアップ。食材、発酵調味料としても万能に。

発酵玉ねぎあん

玉ねぎは加熱調理で辛味成分が甘味やうま味に変化するので、さらに麹発酵することで料理の出汁として万能調味料となります。時間のかかる飴色玉ねぎも発酵玉ねぎあんで代用できます。

発酵にんじんあん

鮮やかなオレンジ色のあんが特長。ストレートでコクのあるうま味で酢との相性もよくドレッシングにもおすすめ。クリームと混ぜても色がくすまず、ケーキが華やかになります。

発酵グリーンピースあん

通年安価で入手できる市販の冷凍グリーンピースと米麹で作ります。青臭さもなくなり、綺麗な緑色のあんとなるので、料理に彩りを添えるほか、チーズなどの乳製品との相性も◎。

発酵栗あん

季節物の栗でぜひ作りおきしてほしいあんです。冷凍保存も可能。麹発酵で甘味がアップするので砂糖を減らした和・洋菓子作りができます。また、甘栗でも作ることができます。

発酵ピーナッツあん

砂糖不使用で、かつピーナッツクリームのように使えるベジあん。調理しても風味が残るので、お菓子や淡泊な味付けの料理のアクセントにも。おいしさもグレードアップします。

Contents

Part 1 炊飯器で作る 発酵ベジあんの基本の作り方

Part 2 発酵ベジあんのおかず

Part 3

発酵ベジあんのおやつ

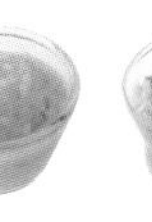

発酵ベジあんの健康・美容効果

本書で紹介する発酵ベジあんは、麹発酵の過程で、栄養、機能性がアップし、野菜そのものを摂取するときよりも健康・美容効果が期待できる食品になります。

1

栄養・吸収率がアップする

野菜を麹発酵する課程では、たくさんの栄養素が生まれます。麹が持つ酵素の作用で、炭水化物、たんぱく質、脂質などを分解して、発酵を促進し、発酵食品特有の香りや味わいを作り出すほか、ビタミンB群、ブドウ糖やオリゴ糖などの糖質、ペプチドやアミノ酸類、酵素などを生み出します。

発酵ベジあんの主体成分のブドウ糖やアミノ酸は、直接、腸から吸収されるサイズでしかも、肝臓での変換が必要ないので消化吸収されやすく、すぐに細胞や脳の栄養になるのです。

さらに野菜が持つ特性もプラスされます。

本書で紹介する野菜の多くは不溶性食物繊維が豊富で、ビタミンAの前駆体であるβ-カロテンを多く含むかぼちゃやにんじん、玉ねぎなどの硫黄化合物を含むもの、不足しがちな亜鉛を多く含む栗など、野菜ごとに魅力がたくさんあります。発酵の過程で、うま味や甘さがアップし、料理の幅が広がる素材へと生まれ変わります。ですから、離乳食や介護食などにも安心してお使いいただけます。

2 食べるだけで腸活できる

野菜や麹に含まれる食物繊維やオリゴ糖は、腸内環境を改善するほか、便通改善、血糖値コントロールが期待できます。

オリゴ糖は腸内で善玉菌のエサとなりますし、不溶性食物繊維は、腸の蠕動(ぜんどう)運動を活発にし、不要なものを吸着、排出する作用があります。また、いも類などに多く含まれる水溶性食物繊維も腸内で善玉菌のエサとなり、短鎖脂肪酸を産生して、血糖値コントロールや免疫力の向上、悪玉菌を抑えたり、炎症を抑える物質を作るなどの働きが期待できます。

特に食後の血糖値が高い状態が続く食後高血糖は、糖尿病や動脈硬化のリスクを上げますから、高血糖を起こさない食事習慣はもとより、腸活も必要なのです。

3 うま味成分も豊富で栄養分もまるごと摂取

発酵ベジあんは蒸した野菜を麹とともに炊飯器で発酵させるので、野菜の栄養分がほぼ損なわれません。そして麹が持つ酵素により、うま味やコクが出て、味わいが深いものになります。エネルギー代謝を助けるビタミンB群やβ-カロテン、ミネラルも補うことができ、発酵ベジあん100gあたりで1日に必要な摂取量の約10～30%を摂取することになります。

発酵ベジあんのカロリーと糖質量(100gあたり)

発酵かぼちゃあん：	224.6kcal	42.8g
発酵じゃがいもあん：	227.7kcal	45.3g
発酵さつまいもあん：	231.7kcal	51.1g
発酵紫いもあん：	235.0kcal	49.6g
発酵グリーンピースあん：	249.7kcal	42.6g
発酵にんじんあん：	217.0kcal	42.6g
発酵玉ねぎあん：	229.5kcal	46.0g
発酵ピーナッツあん：	385.2kcal	35.4g
発酵栗あん：	237.1kcal	47.6g

(藤井 寛調べ)

9種の野菜の栄養成分と健康効果

発酵ベジあんの材料となる9種類の野菜の特長について解説します。どの発酵ベジあんを作ろうかと迷ったときの参考にして、あなたらしい発酵ベジあんライフを習慣にしましょう。

さつまいも・紫いも

栄養学的にバランスが取れ、特にビタミンC、ビタミンE、カリウム、食物繊維が豊富です。紫いもはポリフェノールである紫色素アントシアニンが豊富。通常の黄色のいもには抗酸化成分のβ-カロテンやβ-クリプトキサンチンなどが含まれています。血中のβ-クリプトキサンチン濃度が高いほど肝機能障害や動脈硬化、インスリン抵抗性といった生活習慣病や、骨粗しょう症の発症リスクが低下することも明らかになっています。

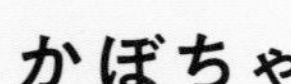

かぼちゃ

発酵かぼちゃあんには、日本かぼちゃよりもよく出回っている西洋かぼちゃがおすすめ。西洋かぼちゃは日本かぼちゃより水分量が少なく、体内で皮膚や粘膜の保護作用、感染症予防効果がある抗酸化成分のβ-カロテンが約5倍、ビタミンCが約2倍、ビタミンEが約3倍、また糖質量も約2倍で甘味が強いのが特長。ビタミンE、Cの含有量は野菜のなかでも上位で相乗効果で血行の促進や肌荒れの防止に効果が期待できます。

グリーンピース

えんどう豆の成熟した生の実がグリーンピース。完熟したえんどう豆は和菓子のあんに使われます。糖質を主体としますが、良質なたんぱく質も豊富。ほかにもビタミンB群やE、ミネラル、不溶性食物繊維を含み、代謝の促進や疲労回復のほか、脳や神経の働きを正常に保つ効果が期待できます。発酵することでブドウ糖とアミノ酸が増え、うま味のあるあんに仕上がります。手軽な冷凍グリーンピースで作れます。

じゃがいも

本書の発酵じゃがいもあんにはメークインに比べて粘度が少ない男爵いもがおすすめ。じゃがいもには、カリウムとビタミンCが豊富で、血圧を安定させたり、むくみ改善、美肌効果のほか、高い抗酸化作用で免疫力アップが期待できます。味が淡泊でどんな素材ともなじみやすいですが、発酵じゃがいもあんにすることで、吸収率もアップします。澱粉質がブドウ糖に変わるので、より甘味のある素材へと変化します。

ピーナッツ

ピーナッツのおよそ半分は脂質ですが、全脂肪酸の8割を不飽和脂肪酸のオレイン酸、リノール酸が占めており、オレイン酸はLDL(悪玉コレステロール)を減少させ、動脈硬化予防効果があります。疲労回復効果があるビタミンB群、抗酸化力のあるビタミンEも豊富。レスベラトロールというポリフェノールが含まれており、赤ワイン同様に心臓病の予防効果が期待されています。麹の栄養素もプラスされうま味も栄養もさらにアップ。

にんじん

一般的に出回っている西洋にんじんがおすすめ。カロテノイドの一種であるβ-カロテンが他の素材と比較して群を抜いて豊富で、にんじんに含まれる因子が白血球を増やして免疫力を高めることや、がんのリスクを低下させることがわかっています。麹発酵に必要な澱粉質は高くないですが、鮮やかなオレンジ色が見事なおいしいあんに仕上がります。β-カロテンは皮の下に多く含まれるので、皮ごと使ってもOKです。

栗

食物繊維量はさつまいもの約2倍あり、ビタミンB_1、B_2、Cが多く、6～7個の栗で成人の1日の必要量を得ることができます。また亜鉛やカリウムが豊富で、抗酸化物質も含まれています。疲労回復、アンチエイジング、高血圧の予防・改善、コレステロールの上昇抑制などの効果が期待できます。主成分は澱粉質で、発酵することで甘さもアップして、糖質オフの和・洋菓子が作れます。甘栗でも代用可能です。

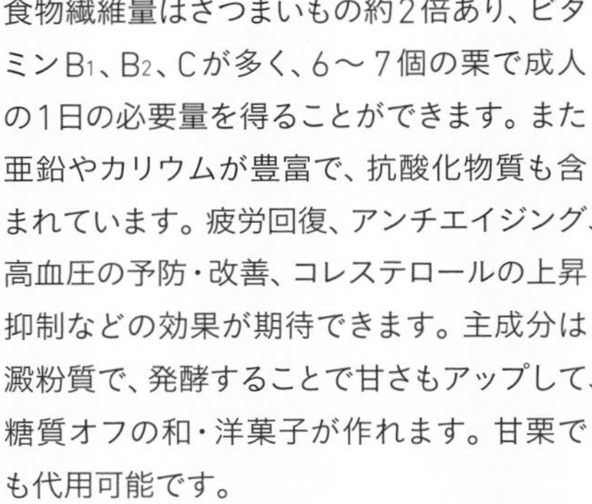

玉ねぎ

玉ねぎの有効成分として知られるのが、辛味成分の硫化アリルとポリフェノールのケルセチンです。動脈硬化の予防、コレステロールの上昇抑制、糖尿病の症状改善、疲労回復、ストレス緩和、冷え症、不眠の改善などの健康効果がわかっています。加熱調理することで辛味成分が減少し、うま味や甘味がアップします。また、ケルセチンは加熱調理に強いのも魅力。発酵玉ねぎあんを発酵調味料として活用しましょう。

基本の道具と材料

本書で使う基本の道具と材料を紹介します

道具

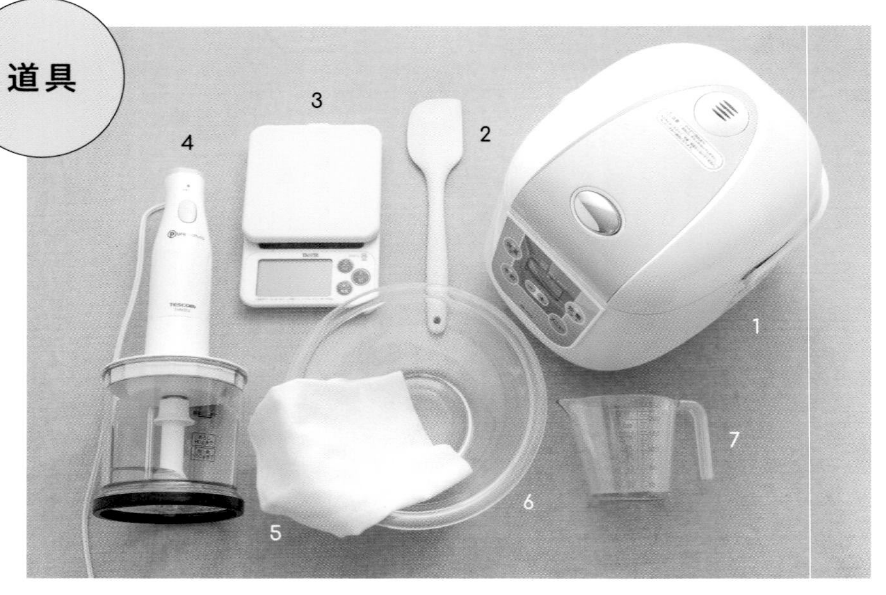

1. **炊飯器**　発酵ベジあんの材料の野菜を発酵させるのに使います。
2. **ゴムべら**　発酵ベジあんの材料の野菜を発酵の途中で混ぜたり、お菓子作りに使います。
3. **はかり**　材料の計量に使います。
4. **フードプロセッサー**　にんじんやグリーンピース、玉ねぎ、ピーナッツ、栗は、フードプロセッサーでペースト状にして発酵課程に進みます（ミキサーやすりこぎでも代用可）。でき上がった発酵ベジあんをなめらかなペースト状にしたいときにも。
5. **布巾**　発酵中は、炊飯器の蓋はせず、布巾をかぶせて保温発酵します。
6. **耐熱ボウル**　野菜をレンジで蒸すときに使います。
7. **計量カップ**　液体材料の計量に使います。

発酵あんこの材料

みやここうじ（米麹・乾燥）
発酵ベジあん作りに使います。

CHECK　乾燥麹と生麹では麹と水分量の比率が違います！

本書では乾燥麹と生麹のレシピを併記していますが、生麹を使う場合は、水分を乾燥麹より通常約3倍多く含むため、麹の量を1.25〜1.3倍にしています。生麹を使う場合は、野菜の水分量にもよりますが、あんがゆるくなる場合があるので、その場合は水分量を加減してください。

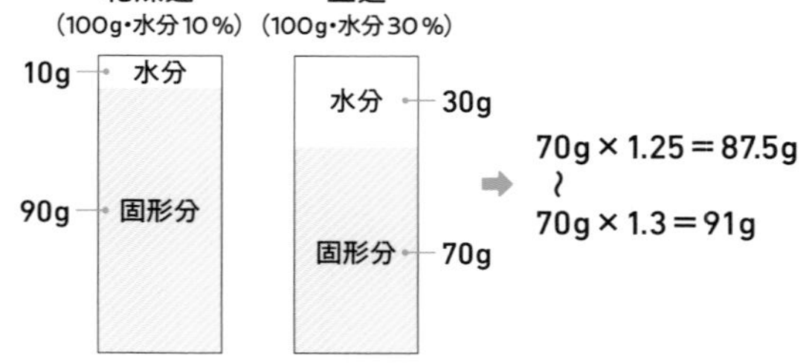

※発酵ベジあんに使う野菜はp.10〜11を参考にしてください

砂糖

てんさい糖（TOMIZ）

砂糖大根が原料の砂糖。オリゴ糖も多く含みます。本書のお菓子作りの甘味全般に用います。

上白糖（TOMIZ）

本書では生地を明るく仕上げたいときに主に用います。きめが細かく幅広く使える砂糖。

粉

強力粉・カメリヤ（TOMIZ）

本書ではおやきに用いています。

薄力粉・スーパーバイオレット（TOMIZ）

和・洋菓子の生地、クッキー生地やクリームに用います。ふんわり、サクッと、軽い仕上がりが特長。

葛粉（TOMIZ）

本書では豆乳葛プリンに用いています。

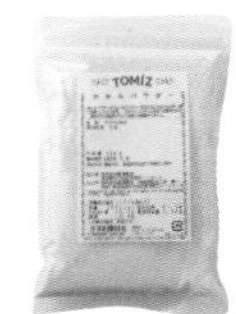

おからパウダー（TOMIZ）

本書では発酵ベジあんのつなぎとして、コロッケやおはぎ、最中、茶巾絞りなどに用います。

その他の材料

製菓用ホワイトチョコレート（TOMIZ）

カカオ分30％前後のものを使用。ホワイトチョコのテリーヌに用いています。

豆乳・有機豆乳無調整（marusan）

本書ではスープ、豆乳くずプリン、蒸しケーキ、ドリンクに用いています。

粉寒天・粉末かんてん（TOMIZ）

本書では羊羹に用いています。

パータグラッセ・上掛け用チョコレート（抹茶）（TOMIZ）

トリュフの上掛け用チョコに用います。ほかにストロベリーもあります。

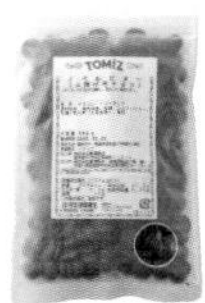

上掛け用チョコレート（ビター）（TOMIZ）

トリュフの上掛け用チョコに用います。ほかにホワイトチョコもあります。

製菓用ミルクチョコレート（TOMIZ）

本書ではパリブレストに用いています。カカオ分40％のものを使用します。

本書の使い方

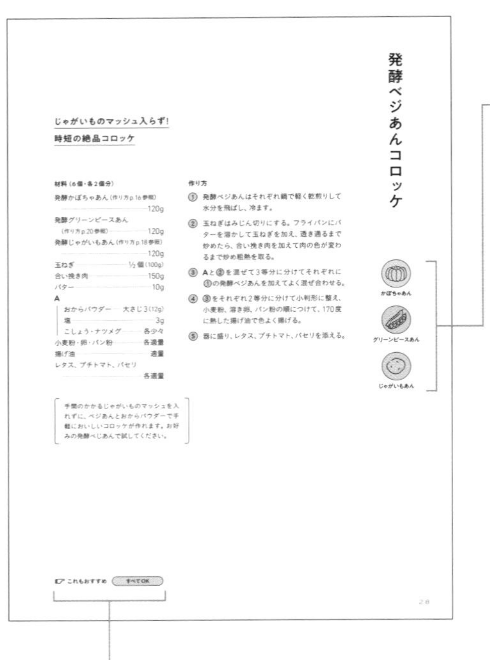

発酵ベジあんコロッケ

じゃがいものマッシュ入らず!
時短の絶品コロッケ

材料（6個・各2個分）
発酵かぼちゃあん（作り方p.16参照）……120g
発酵グリーンピースあん（作り方p.20参照）……120g
発酵じゃがいもあん（作り方p.18参照）……120g
玉ねぎ……½個（100g）
合い挽き肉……150g
バター……10g
A
おからパウダー……大さじ3（12g）
塩……3g
こしょう・ナツメグ……各少々
小麦粉・卵・パン粉……各適量
揚げ油……適量
レタス、プチトマト、パセリ……各適量

作り方
① 発酵ベジあんはそれぞれ鍋で軽く乾煎りして水分を飛ばし、冷ます。
② 玉ねぎはみじん切りにする。フライパンにバターを溶かして玉ねぎを加え、透き通るまで炒めたら、合い挽き肉を加えて肉の色が変わるまで炒め粗熱を取る。
③ Aと②を混ぜて3等分に分けてそれぞれに①の発酵ベジあんを加えてよく混ぜ合わせる。
④ ③をそれぞれ2等分に分けて小判形に整え、小麦粉、溶き卵、パン粉の順につけて、170度に熱した揚げ油で色よく揚げる。
⑤ 器に盛り、レタス、プチトマト、パセリを添える。

かぼちゃあん
グリーンピースあん
じゃがいもあん

手間のかかるじゃがいものマッシュを入れずに、ベジあんとおからパウダーで手軽においしいコロッケが作れます。お好みの発酵べじあんで試してください。

これもおすすめ　すべてOK

28

本書で使う発酵ベジあんは、レシピのそばにアイコンで表記しています。

かぼちゃあん

栗あん

グリーンピースあん

さつまいもあん

じゃがいもあん

玉ねぎあん

にんじんあん

ピーナッツあん

紫いもあん

☞ これもおすすめ

下段に「これもおすすめ」アイコンでおすすめの発酵ベジあんを掲載していますので、お好きな発酵ベジあんで、お試しください。

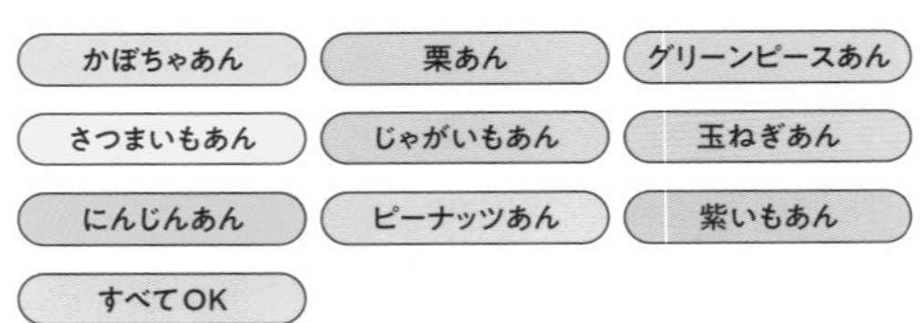

本書のレシピのルール

- 本書は、炊飯器で作る発酵ベジあんのレシピを紹介しています。お使いの炊飯器の機種により、加熱時間など差が出てくる場合もあるので、様子を見ながら調節してください。
- 計量単位は、大さじ1＝15㎖、小さじ1＝5㎖、1合は180㎖です。素材により、量りやすい計量単位で表記しています。
- 材料は主に作りやすい分量で紹介しています。
- 常温とある場合は20℃前後を目安にしてください。
- 特に明記がない場合は、火加減は「中火」です。
- 材料の重さ（g）は基本的に正味重量（皮をむいたり、ワタや種を除いたあとの重さ）で表示しています。個数、本数などは目安です。
- 電子レンジはW（ワット）数によって加熱時間が異なります。本書のレシピ内では、600Wを使用しています。500Wの場合は、加熱時間を約1.2倍、1000Wの場合は約0.6倍にしてください。ただし、電子レンジの機種によっても差が出ますので、あくまでも目安として、加熱具合を見ながら加減してください。
- オーブンは電気オーブンを使用した場合の焼成時間になります。焼き加減は機種によっても差が出ますので、あくまでも目安として、様子を見ながら調節してください。
- 冷やし固める時間は冷蔵庫の設定温度や庫内環境により変わることがあります。

Part

1

炊飯器で作る
発酵ベジあんの基本の作り方

本書のレシピで使う9種類の発酵ベジあんの
作り方を紹介します。
炊飯器で簡単に作れるのも魅力。
そのまま食べても、料理や
お菓子の具材や調味料として大活躍!

発酵かぼちゃあんの作り方

糖度の高いかぼちゃは、麹で発酵することで体に吸収しやすい甘味が引き出され、うま味がぐんとアップします

冷蔵保存 7日間　冷凍保存 3ヵ月

材料（でき上がり量　約500g）

蒸しかぼちゃ……400g（正味約420gを蒸す）
米麹（乾燥）……200g
※生麹の場合は、250～260g
水……30mℓ

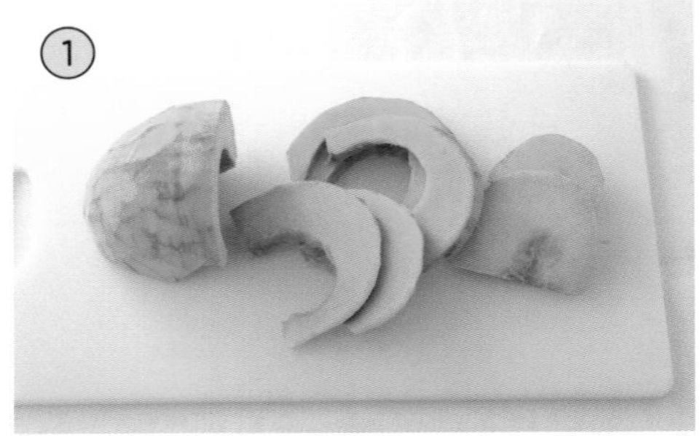

①かぼちゃは皮をむき、薄切りにする。

②蒸し器で15～20分蒸す。

③蒸し上がり。串が通ればいい。粗熱を取る（60℃くらいが理想）。

炊飯器に米麹を入れる。

④に③の蒸し上がったかぼちゃを加える。

水を加える。

かぼちゃと米麹をよく混ぜる。

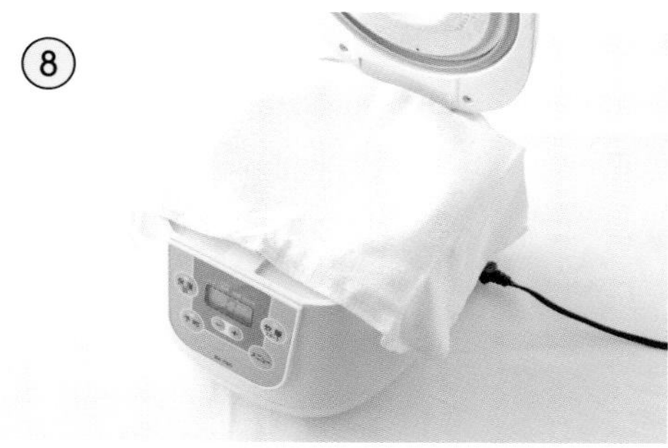

炊飯器の蓋を開けたまま布巾を1枚かぶせて、炊飯器の保温モードのスイッチを入れる。

2〜3時間おきに1回、よく混ぜ合わせながら8〜10時間発酵させる。写真は3時間経過した状態。

でき上がり（麹の白い粒が気になる場合はフードプロセッサーにかける）。

POINT

- かぼちゃを皮付きで発酵させる場合は、工程③の蒸し上がり後に水30㎖（分量外）を加えてフードプロセッサーにかけてください。
- かぼちゃは生・加熱とも冷凍するとにおい移りや味が劣化しますが、発酵かぼちゃあんで冷凍すれば、糖度が高いのでにおい移りや劣化しにくく、おいしさもキープでき、料理やお菓子作りに応用がききます。

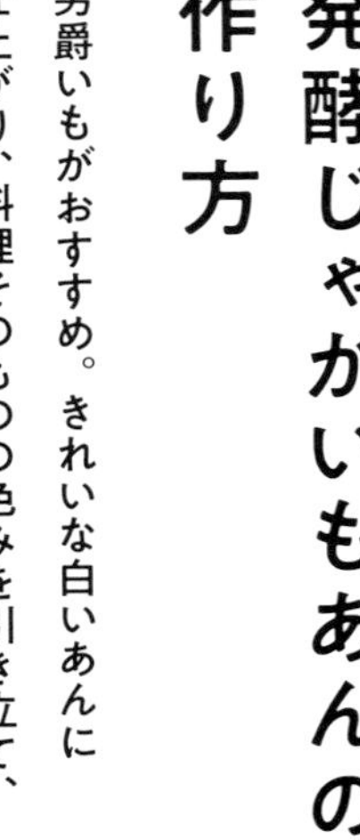

発酵じゃがいもあんの作り方

男爵いもがおすすめ。きれいな白いあんに仕上がり、料理そのものの色みを引き立て、発酵調味料として活躍します

冷蔵保存 7日間　冷凍保存 3ヵ月

材料（でき上がり量　約480g）

蒸しじゃがいも（男爵）…… 400g（正味約420gを蒸す）
米麹（乾燥）…… 200g
※生麹の場合は、250〜260g

① じゃがいもは皮をむき、乱切りにする。

② 蒸し器で15〜20分蒸したところ。串が通ればいい。粗熱を取る（60℃くらいが理想）。

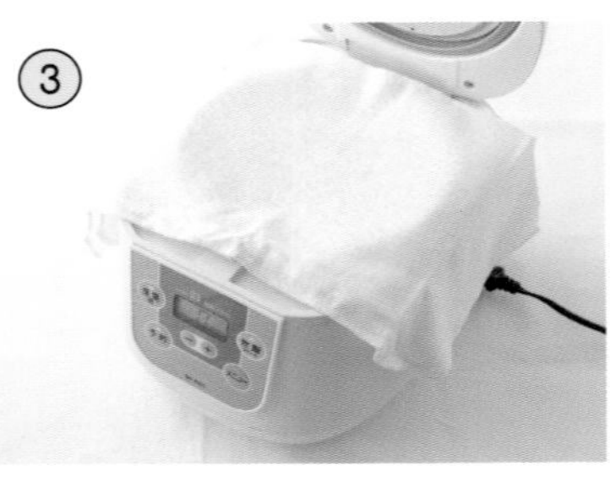

③ 炊飯器に米麹、②のじゃがいもを入れてよく混ぜ、炊飯器の蓋を開けたまま布巾を1枚かぶせて、炊飯器の保温モードのスイッチを入れる。

④ 2〜3時間おきに1回、よく混ぜ合わせながら8〜10時間発酵させる。写真は3時間経過した状態。

POINT

- じゃがいもを皮付きで発酵させると土臭さが残るのでおすすめしません。
- 蒸しじゃがいもが米麹となじみにくい場合は30mℓくらいまで加減して水を足してください。
- メークインを使う場合は、粘度が高いあんに仕上がります。

発酵さつまいもあん・紫いもあんの作り方

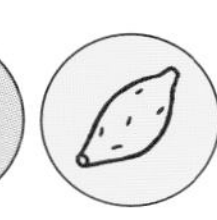

きれいな黄色と紫色の2種のあん。発酵させることで甘味もうま味もアップするので、料理の腕前が上がります

冷蔵保存 7日間　冷凍保存 3ヵ月

材料（でき上がり量　各約560g）

発酵さつまいもあん
蒸しさつまいも
……400g（正味約420gを蒸す）
米麹（乾燥）……200g
※生麹の場合は、250～260g
水……100mℓ

発酵紫いもあん
蒸し紫いも
……400g（正味約420gを蒸す）
米麹（乾燥）……200g
※生麹の場合は、250～260g
水……85mℓ

①
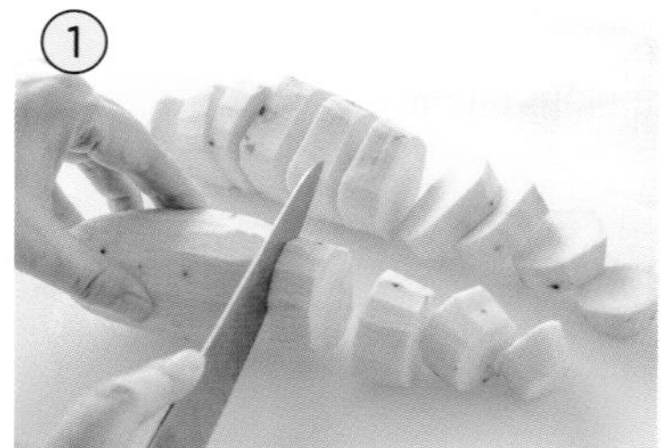
さつまいも（紫いも）は好みで皮をむき両端を切り落とし、1cm厚さの輪切りにする。

②

蒸し器で15～20分蒸したところ。串が通ればいい。粗熱を取る（60℃くらいが理想）。

③
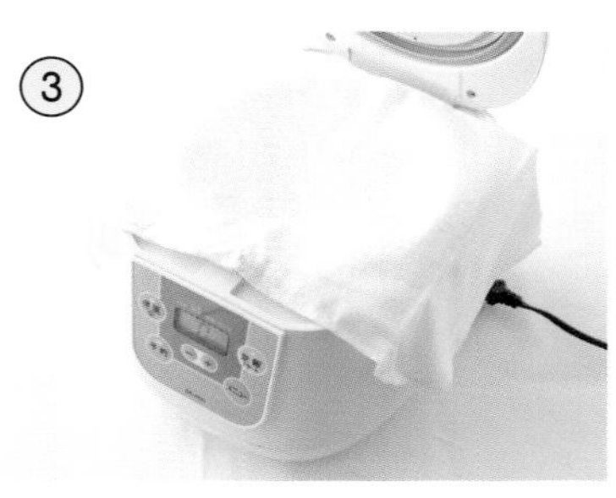
炊飯器に米麹、②のさつまいも（紫いも）、水を入れてよく混ぜ、炊飯器の蓋を開けたまま布巾を1枚かぶせて、炊飯器の保温モードのスイッチを入れる。

④

2～3時間おきに1回、よく混ぜ合わせながら8～10時間発酵させる。写真は3時間経過した状態。

紫いもあん
さつまいもあん

POINT
・さつまいもや紫いもは、皮の周辺にビタミンやカリウムなどの機能性成分が含まれるのでなるべく皮付きで発酵することをおすすめします。

発酵グリーンピースあんの作り方

コスパもよく、入手もしやすい
冷凍グリーンピースでの
作り方を紹介します

冷蔵保存 7日間 冷凍保存 3ヵ月

材料（でき上がり量　約540g）

冷凍グリーンピース（エンドウ豆）……400g（正味約420gを蒸す）
米麹（乾燥）……200g
※生麹の場合は、250〜260g
水……75mℓ

① 冷凍グリーンピースはそのまま、蒸し器で15〜20分蒸す。

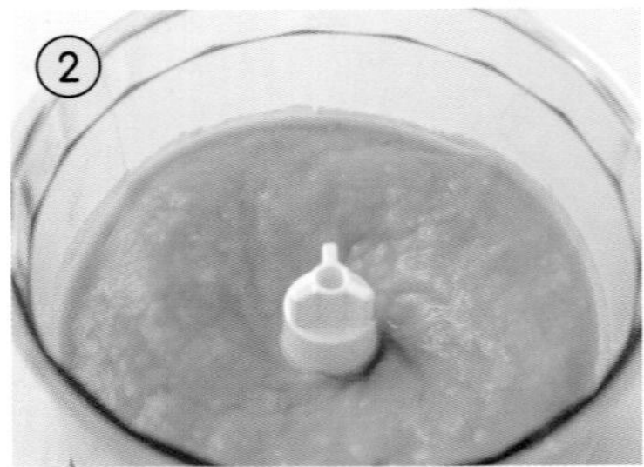

② 蒸し上がったグリーンピースに水を加えて、フードプロセッサーにかける（豆の皮が気にならない場合はこの工程は省いてください）。

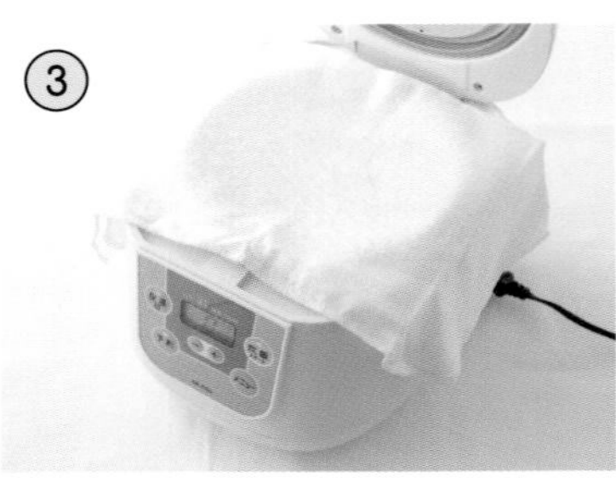

③ 炊飯器に米麹、②のグリーンピース、水（②の工程を省いた場合のみ）を入れてよく混ぜ、炊飯器の蓋を開けたまま布巾を1枚かぶせて、炊飯器の保温モードのスイッチを入れる。

④ 2〜3時間おきに1回、よく混ぜ合わせながら8〜10時間発酵させる。写真は3時間経過した状態。

POINT

・グリーンピースの皮が気にならずにフードプロセッサーの工程②を省いて発酵させると粒あん風に仕上がります。

発酵にんじんあんの作り方

澱粉質が少なくて水分量が多いにんじんは、麹の配合を少し多くして作ります。鮮やかなオレンジ色は食卓に彩りを添えます

冷蔵保存 7日間　冷凍保存 3ヵ月

材料（でき上がり量　約400g）

蒸しにんじん……………………300g（正味約315gを蒸す）
米麹（乾燥）………………………………………………200g
※生麹の場合は、250〜260g

① にんじんは皮をむいたあと、一口大にカットし、蒸し器で15〜20分蒸す。

② 蒸し上がったにんじんをフードプロセッサーにかける。

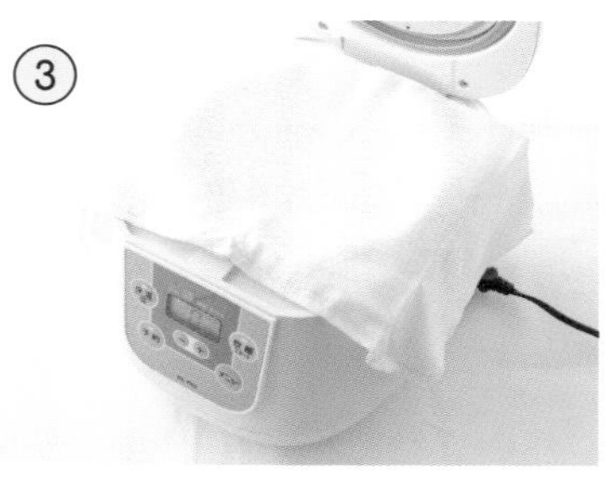

③ 炊飯器に米麹、②のにんじんを入れてよく混ぜ、炊飯器の蓋を開けたまま布巾を1枚かぶせて、炊飯器の保温モードのスイッチを入れる。

④ 2〜3時間おきに1回、よく混ぜ合わせながら8〜10時間発酵させる。写真は3時間経過した状態。

POINT

・にんじんは弾力があり発酵過程で崩れにくいため、フードプロセッサーは必ずかけてください。もしくはすりこぎなどでつぶしてもOKです。

発酵玉ねぎあんの作り方

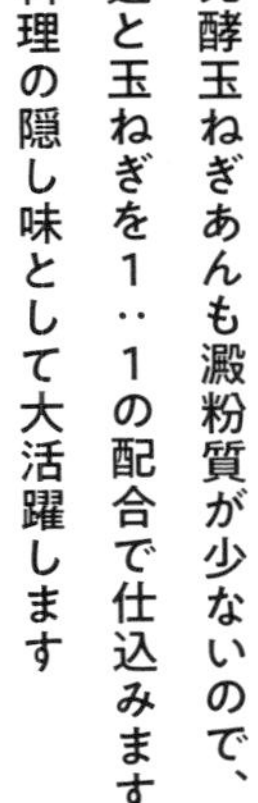

発酵玉ねぎあんも澱粉質が少ないので、麹と玉ねぎを1：1の配合で仕込みます。料理の隠し味として大活躍します

冷蔵保存 7日間　冷凍保存 3ヵ月

材料（でき上がり量　約360g）

蒸し玉ねぎ……………………200g（正味約210gを蒸す）
米麹（乾燥）……………………………………………200g
※生麹の場合は、250～260g
水………………………………………………………50ml

①玉ねぎは皮をむいたあと、角切りにして蒸し器で約10分蒸す。

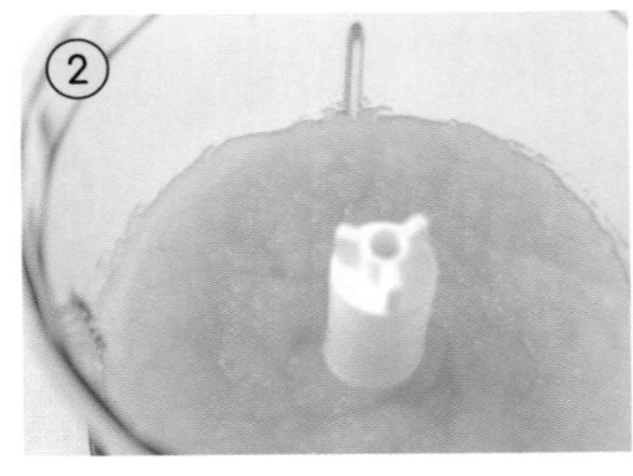

②蒸し上がった玉ねぎに水を加えて、フードプロセッサーにかける。

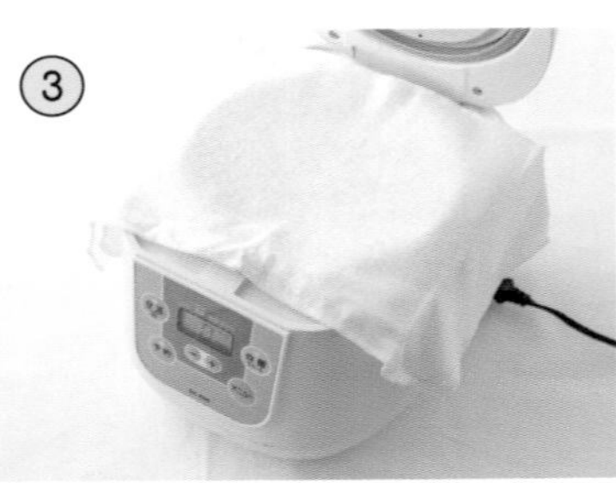

③炊飯器に米麹、②の玉ねぎを入れてよく混ぜ、炊飯器の蓋を開けたまま布巾を1枚かぶせて、炊飯器の保温モードのスイッチを入れる。

④2～3時間おきに1回、よく混ぜ合わせながら8～10時間発酵させる。写真は3時間経過した状態。

POINT

・玉ねぎの繊維は発酵で溶けることはなく、強固に残るため、フードプロセッサーは必ずかけてください。

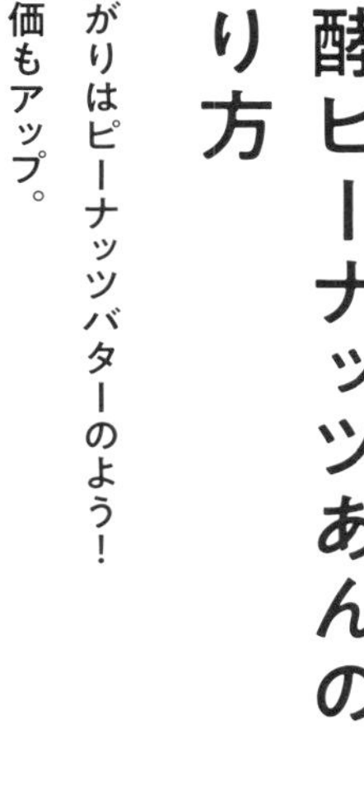

発酵ピーナッツあんの作り方

仕上がりはピーナッツバターのよう！
栄養価もアップ。
市販の炒りピーナッツで作ることができます

冷蔵保存 7日間　冷凍保存 3ヵ月

材料（でき上がり量　約500g）

炒りピーナッツ……200g
米麴（乾燥）……200g
※生麴の場合は、250～260g
水……225㎖

①米麴をフードプロセッサーにかける。

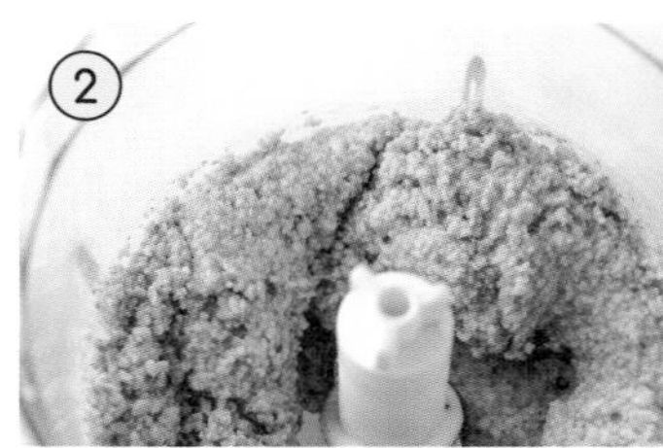

②炒りピーナッツをフードプロセッサーにかける。

③②のピーナッツに水を加えて、フードプロセッサーにかける（乳化させる）。

④炊飯器に①の米麴、③のピーナッツを入れてよく混ぜ、炊飯器の蓋を開けたまま布巾を1枚かぶせて、炊飯器の保温モードのスイッチを入れる。

⑤2～3時間おきに1回、よく混ぜ合わせながら8～10時間発酵させる。写真は3時間経過した状態。

POINT

・ピーナッツは油分が多いため、水を加えて乳化させてから米麴を加えてください。仕上がりが安定します。
・バターピーナッツでも同様に作ることができます。

発酵栗あんの作り方

旬の栗が手に入ったら
ぜひ作ってみてください。
通年では甘栗でも同様に作ることができます

冷蔵保存 7日間　冷凍保存 3ヵ月

材料（でき上がり量　約580g）

茹で栗……400g（正味約420gを蒸す）
米麹（乾燥）……200g
※生麹の場合は、250〜260g
水……150㎖

① 生栗を約20分水から茹でて、半分に切り、スプーンで身をかき出す。

② ①の栗に水を加えてフードプロセッサーにかけたら、炊飯器に入れ、米麹を加えてよく混ぜる。

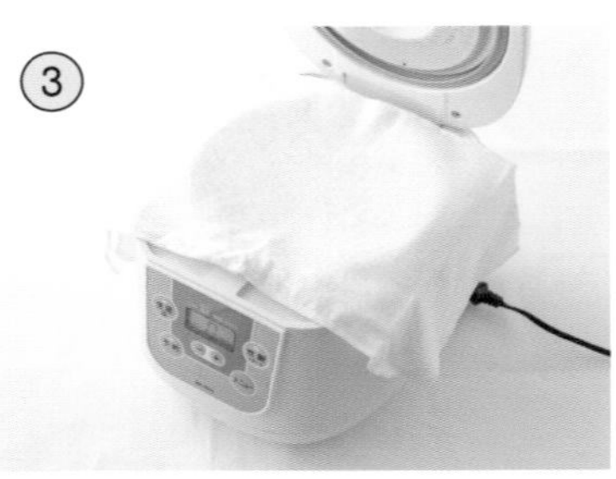

③ 炊飯器の蓋を開けたまま布巾を1枚かぶせて、炊飯器の保温モードのスイッチを入れる。

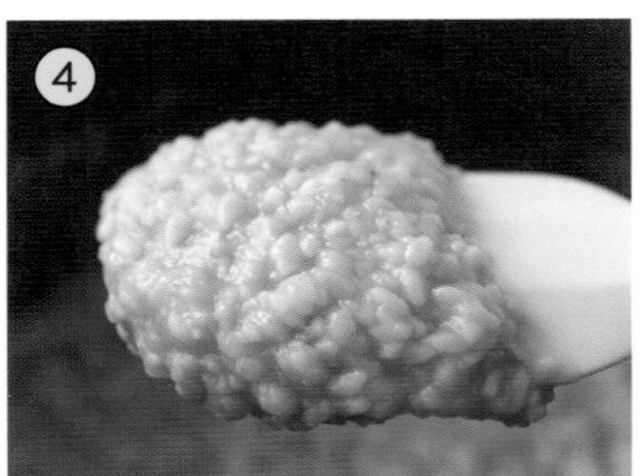

④ 2〜3時間おきに1回、よく混ぜ合わせながら8〜10時間発酵させる。写真は3時間経過した状態。

POINT

- 甘栗を使う場合は、皮を取り除いてください。
- 栗は発酵過程で崩れにくいため、必ずフードプロセッサーにかけてください。もしくはすりこぎなどでつぶしてもOKです。

野菜をレンチンで蒸す方法

本書で紹介している発酵ベジあんの蒸し方は、水分をなるべく損なわない方法として、蒸し器で蒸し上げる方法を紹介しましたが、電子レンジで蒸す方法も紹介します。

① 野菜はなるべく均等に1cm厚さにカットして、耐熱ボウルに均一に並べ、水を含ませたキッチンペーパーをのせる。

② ふんわりとラップをかけて、下表を参考に、手持ちの電子レンジの出力（W）に合わせて、加熱する。

栗の電子レンジ加熱はおすすめしません。また、ピーナッツは加熱の必要はありません。

レンジ加熱時間

野菜（重量）	レンジ出力		
	500W	600W	1000W
かぼちゃ（400g）	8分	6分40秒	4分
じゃがいも（400g）	8分	6分40秒	4分
さつまいも（400g）	8分	6分40秒	4分
紫いも（400g）	8分	6分40秒	4分
冷凍グリーンピース（400g）(※)	6分30秒	5分30秒	3分20秒
にんじん（300g）	6分40秒	5分40秒	3分20秒
玉ねぎ（200g）	4分	3分20秒	2分

（※）指定調理法に従ってください

発酵ベジあんを湯煎で作る方法

野菜を蒸したら、湯煎で発酵する方法もあります

① 発酵ピーナッツあん以外の野菜を蒸したあと、耐熱の保存袋に蒸した野菜と米麹を入れ、空気が入らないように袋の口を閉める。袋の上から野菜と米麹が混ざるよう、よく揉み込む。

② 炊飯器に60℃の湯を張り、①を入れる。保温モードで8～12時間発酵させる。

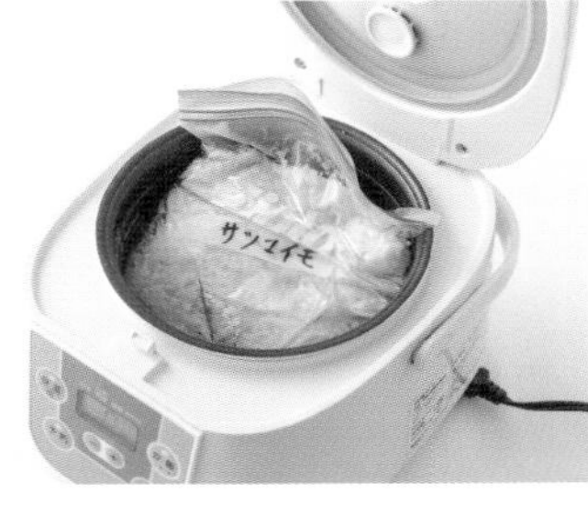

さつまいもあんを湯煎発酵しているところ。

Q & A　発酵ベジあんの疑問に答えます

Q1

発酵ベジあんの使い分け方を知りたいのですが。

A　調理で使用する場合は、例えばカレーやシチューなどに使われている素材（玉ねぎやじゃがいも、にんじんなど）の発酵ベジあんを使用すると相性が良いです。また、仕上げやお菓子のクリームで彩りを添えたい場合は、にんじんあん、かぼちゃあん、紫いもあん、グリーンピースあんなどがおすすめ。逆に玉ねぎあん、じゃがいもあんは料理の邪魔をしません。ただし、紫いもあんに関しては一緒に使用する食材が酸性であれば赤紫に、アルカリ性であれば青紫に変化します。

Q2

本書に掲載されている以外の野菜で発酵ベジあんは作れますか？

A　発酵ベジあんは野菜に含まれる澱粉を麹の力によって糖に変えることで作れます。そのため、澱粉質が多く含まれる野菜は発酵ベジあん作りに適した野菜になります。本書以外にも里いも、レンコン、とうもろこし、ゆり根がおすすめです。ナッツと麹の相性もいいので、アーモンドでも作ることができます。

Q3

発酵ベジあんを発酵調味料として使う場合の目安の分量はありますか？

A　通常の砂糖やみりんと同量よりやや多いくらいの量が目安です。まずは同量入れてみて味を見てから追加してください（あんによって甘さが違うため、慣れるまでは同量くらいから調整した方が失敗ないかと思います）。

Q4

発酵ベジあんを冷凍してもカチカチにならないのですが。

A　発酵ベジあんは糖度が高いため凍らせてもジャムのようにカチカチになりません。解凍は冷蔵庫解凍してください。少量をすぐに使用したい場合は、包丁で使いたい分を小さくカットして常温に置いておけば早く解凍できます。

Q5

通常のお菓子同様に焼いたら焦げたのですが。

A　発酵ベジあんは糖度が高く、また麹が入っているため砂糖だけで作ったお菓子と同様にオーブンの環境によっては焦げてしまう場合があります。その場合はオーブンの温度を指定温度より10～20度ほど下げて少し長めに焼いてみてください。焼き菓子など1時間ほど焼くもので、温度を下げても焦げてしまう場合は残り時間の20分ほどアルミホイルをかぶせて焼いてみてください。また、発酵ベジあんに漬けたお肉を焼いたりする場合も、同様に焦げやすいため、あんをふきとり、火加減をやや弱めにするなど調整してください。

Q6

ピーナッツあんの発酵途中で油が浮いてくるのですが。

A　ピーナッツに含まれる脂質によるものです。他の発酵ベジあんより油分が多めの仕上がりとなりますが、よく混ぜて使ってください。

Part

2

発酵ベジあんのおかず

主菜、副菜、主食、スープまで、発酵ベジあんをプラスするだけで
定番おかずもおいしさがぐんとアップ。
しかも栄養満点といいことずくめ。
調味料代わりに使えば砂糖の使用も減らせます

発酵ベジあんコロッケ

じゃがいものマッシュ要らず！
時短の絶品コロッケ

材料（6個・各2個分）

発酵かぼちゃあん（作り方p.16参照）……120g
発酵グリーンピースあん（作り方p.20参照）……120g
発酵じゃがいもあん（作り方p.18参照）……120g
玉ねぎ……½個（100g）
合い挽き肉……150g
バター……10g
A
　おからパウダー……大さじ3（12g）
　塩……3g
　こしょう・ナツメグ……各少々
小麦粉・卵・パン粉……各適量
揚げ油……適量
レタス、プチトマト、パセリ……各適量

作り方

① 発酵ベジあんはそれぞれ鍋で軽く乾煎りして水分を飛ばし、冷ます。

② 玉ねぎはみじん切りにする。フライパンにバターを溶かして玉ねぎを加え、透き通るまで炒めたら、合い挽き肉を加えて肉の色が変わるまで炒め粗熱を取る。

③ Aと②を混ぜて3等分に分けてそれぞれに①の発酵ベジあんを加えてよく混ぜ合わせる。

④ ③をそれぞれ2等分に分けて小判形に整え、小麦粉、溶き卵、パン粉の順につけて、170℃に熱した揚げ油で色よく揚げる。

⑤ 器に盛り、レタス、プチトマト、パセリを添える。

かぼちゃあん

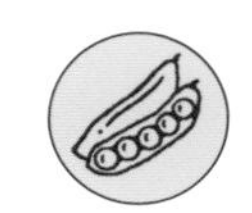
グリーンピースあん

じゃがいもあん

手間のかかるじゃがいものマッシュ要らずで、ベジあんとおからパウダーで手軽においしいコロッケが作れます。お好みの発酵べじあんで試してください。

☞ これもおすすめ　すべてOK

豚肩ロースとりんごの玉ねぎあん煮

玉ねぎあん

発酵玉ねぎあんが調味の主役の欧風煮込み料理

材料（2人分）

発酵玉ねぎあん（作り方p.22参照）……50g

A
- 白ワイン……大さじ2
- レモン果汁……大さじ½

豚肩ロース肉（1枚約130g前後）……2枚（250～300g）

マッシュルーム……3個

りんご……½個

にんにく……½片

プルーン……2～4粒

レーズン……大さじ1

バター……10g

ローズマリー・ローリエ（どちらか片方でも可）……各適量

サワークリーム……50g

塩・黒こしょう……各適量

バルサミコ酢……大さじ1

作り方

① 豚肩ロース肉は筋切りをして、塩・黒こしょうを両面にふる。マッシュルームは半分に切る。にんにくはみじん切り、りんごは芯を取り除いて皮ごと4等分のくし形切りにする。

② 鍋にバターを溶かしてにんにくを炒め、香りが立ったらマッシュルームを加えて軽く炒め、さらに豚肩ロース肉を加えて両面をさっと焼く。

③ りんご、プルーン、レーズン、ローリエ、ローズマリーを鍋に入れ、Aで発酵玉ねぎあんを溶いて加え、蓋をして20～30分蒸し煮する。

④ サワークリームを肉にのせ、バルサミコ酢を加えて2～3分煮る。

発酵玉ねぎあんが肉をやわらかく、うま味を引き出します。りんごやプルーンなどと一緒に素材そのもののおいしさを楽しめる一品。

☞ **これもおすすめ**　栗あん　さつまいもあん　じゃがいもあん

発酵ベジあん漬けの角煮

じゃがいもあん

発酵じゃがいもあんに肉を漬け込んで煮るだけ!

材料(2人分)

発酵じゃがいもあん(作り方p.18参照)
…………200g(仕込み用+煮込み用)
豚バラ肉(ブロック)……………530g
サラダ油……………………………適量
A
- 白ねぎの青い部分…………1本分
- しょうが(薄切り)………………3枚

B
- 水………………1 1/2カップ(300mℓ)
- 酒………………1/2カップ(100mℓ)

しょう油………………………大さじ4
茹で卵…………………………2〜3個
絹さや…………………………適量
白ねぎ…………………………適量

肉を発酵じゃがいもあんに一晩漬け込むことで、砂糖なしでトロトロの角煮が作れます。

作り方

① 保存袋に豚バラ肉と仕込み用の発酵じゃがいもあん100gを入れてよくもみ、一晩冷蔵庫に入れて漬ける。

② ①の豚バラ肉の水分を軽く拭き取り、5cm幅にカットし、フライパンにサラダ油を熱して豚バラ肉の両面を焼き色がつくまで焼く。

③ 鍋にAと②を入れて豚バラ肉にかぶるくらいの水(分量外)を注いで火にかけ、沸騰したら弱めの中火で30〜40分、竹串がすっと肉に入るまで茹で、ざるにあけて水けをきる。

④ ③の鍋に豚バラ肉を戻し、煮込み用の発酵じゃがいもあん100gとBを加えて10分ほど煮たらしょう油を加えて5分、茹で卵を加えてさらに5分煮る。

⑤ 器に盛り、さっと塩茹でした絹さやを添え、千切りにした白ねぎをのせる。

これもおすすめ　かぼちゃあん　栗あん　玉ねぎあん

メカジキと厚揚げのかぼちゃあん煮

かぼちゃあん

いつもの煮つけもかぼちゃの風味が加わり上品な仕上がりに

材料（2人分）

発酵かぼちゃあん（作り方p.16参照）……25g
メカジキ……2切れ
厚揚げ……1個
小松菜……½束（100g）
しょうが……1片
A
　出汁……¾カップ（150㎖）
　しょう油・酒……各大さじ1
片栗粉……小さじ1
▶小さじ2の水で溶く

作り方

① メカジキは半分に切り、厚揚げは8等分に切る。しょうがはみじん切りにする。小松菜はさっと茹でて水に取り、水けをよく絞って4㎝幅に切る。

② 鍋に発酵かぼちゃあん、Aとしょうがを入れて火にかけ、ひと煮立ちしたらメカジキと厚揚げを加え、再度煮立ったら弱火にして落とし蓋をして5分煮る。

③ 小松菜を加えてさらに2分煮たら、水溶き片栗粉でとろみをつけ、器に盛る。

砂糖やみりんを使わなくても、発酵かぼちゃあんがほっくりとした甘さとうま味を引き出します。

☞ これもおすすめ　さつまいもあん　じゃがいもあん　玉ねぎあん　にんじんあん

魚介のカルパッチョ じゃがいもあんソース

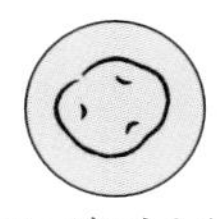

じゃがいもあん

ソースに発酵じゃがいもあんのうま味プラスでまろやかさアップ!

材料(2人分)

発酵じゃがいもあん(作り方p.18参照) ……10g
真鯛などの白身魚(刺身用)……10〜15枚
ホタテ(生食用)……2〜4粒
A
- 粒マスタード……小さじ1
- オリーブ油……大さじ2
- 白ワインビネガー・レモン果汁……各小さじ1
- 塩・こしょう……各適量
- にんにくのすりおろし……¼片

B
- バルサミコ酢・オリーブ油……各適量

ベビーリーフ、ケッパー、レモンスライス(いちょう切り)……各適量

作り方

① ボウルに発酵じゃがいもあんとAを合わせてよく混ぜる。ホタテは2等分にスライスする。

② 皿に真鯛とホタテを並べ、ベビーリーフ、レモン、ケッパーをのせる。

③ ②に①をかけ、仕上げにBをそれぞれ好みの量かける。

発酵じゃがいもあんをソースに使用。ソースにほんのりとした甘さが加わり、いつもと一味違うカルパッチョを楽しめます。

これもおすすめ　かぼちゃあん　玉ねぎあん　にんじんあん

玉ねぎあん入り 鶏肉ときのこのカチャトーラ

玉ねぎあん

イタリアの猟師風料理。発酵ベジあんで一層味が引き立ちます

材料（2人分）

- 発酵玉ねぎあん（作り方p.22参照）……60g
- 鶏もも肉……1枚（約300g）
- トマトの水煮缶……1缶（400g）
- しいたけ……3枚
- しめじ……50g（½パック）
- にんにく……1片
- セロリ……3cm
- 小麦粉……適量
- A
  - 固形スープの素……1個
  - 白ワイン……50mℓ
  - 水……100mℓ
  - ローズマリー（あれば）……½本
- オリーブ油……小さじ1
- 塩・こしょう……各適量
- イタリアンパセリ……適量

作り方

① しいたけは半分に切り、しめじは小房に分ける。鶏もも肉は5cm角に切って塩・こしょうをし、小麦粉を薄くまぶす。にんにくとセロリはみじん切りにする。トマトの水煮はミキサーにかける。

② フライパンにオリーブ油小さじ½を熱して鶏もも肉を入れて両面をよく焼いて取り出し、しいたけとしめじを炒める。

③ 鍋にオリーブ油小さじ½を熱してにんにくとセロリを入れて弱火にかけ、香りが立つまで炒める。

④ ③に発酵玉ねぎあん、②の鶏もも肉ときのこ類、①のトマトの水煮、Aを加えて弱火で20分ほど煮て、塩・こしょうで味を調える。器に盛り、刻んだイタリアンパセリを散らす。

［飴色玉ねぎを作る手間が省け、時短かつうま味もアップ。］

☞ これもおすすめ　さつまいもあん　じゃがいもあん　にんじんあん

野菜グラタン ベジあん豆腐ソース

ピーナッツあん

豆腐ベースの簡単ホワイトソースで、野菜がモリモリ食べられます

材料（2人分）

発酵ピーナッツあん
（作り方p.23参照）……30g
A
- 絹ごし豆腐……150g
- マヨネーズ……大さじ1（12g）
- コンソメ顆粒……小さじ1

茹で卵……2個
ロースハム（スライス）……2枚
ブロッコリー……100g（½株）
もやし……60g（¼袋）
コーン缶（ホール）……100g
塩・こしょう……各適量
とろけるチーズ……適量

作り方

① ボウルに発酵ピーナッツあんとAをなめらかになるまでよく混ぜ、塩・こしょうで味を調える。ブロッコリーは小房に分ける。

② ブロッコリーは塩茹でし、もやしはさっと茹でて水けをきる。ロースハムは半分にカットしてさらに1cm幅の短冊に切る。

③ 茹で卵を縦¼にカットしてコーン、②とともに耐熱皿にのせて①、チーズの順にのせ、オーブントースターでチーズが溶けて焦げ色がつくまで焼く。

豆腐を水切りせずに作れる簡単ホワイトソース。発酵ピーナッツあんを加えることで、香ばしさが加わり、飽きのこないおいしさに。

☞ これもおすすめ　かぼちゃあん　グリーンピースあん　さつまいもあん　にんじんあん

ピーナッツあんのささみの棒棒鶏(バンバンジー)

濃厚なうま味ソースが決め手!

材料（2人分）

発酵ピーナッツあん（作り方p.23参照）……20g
鶏ささみ肉……3本（150g）
トマト……2個
きゅうり……2本
貝われ菜……15g（1/4パック）
A
- 味噌……大さじ1 1/2
- 酢……大さじ1
- しょう油……小さじ1 1/2
- ごま油……大さじ1/2
- ラー油……適量
- にんにく・しょうが（すりおろし）……各1/2片
- ▶すべてを混ぜる

酒……小さじ2
塩・こしょう……各適量

作り方

① 鶏ささみ肉は筋を取り、耐熱皿にのせて塩・こしょう、酒をふってふんわりとラップをし、電子レンジで約2分40秒火が通るまで加熱する。粗熱が取れたら手で細くほぐす。

② トマトはスライス、きゅうりは千切り、貝われ菜は根元を切り、1/2長さにカットする。

③ 皿にトマトときゅうり、①の順にのせ、発酵ピーナッツあんとAを混ぜたものをかけて、貝われ菜をのせる。

通常のごまソースで作る棒棒鶏を、発酵ピーナッツあんを使用することでより香ばしく。淡泊なささみ肉もおいしくいただけます。

ピーナッツあん

☞ これもおすすめ　じゃがいもあん　玉ねぎあん　にんじんあん

※ピーナッツあん以外で作る場合は、すりごま小さじ1〜2を加えてください。

麻婆なす

玉ねぎあん

発酵パワーたっぷりの麻婆です。うま味も倍増

材料（2人分）

- 発酵玉ねぎあん（作り方p.22参照）……60g
- 豚ひき肉……100g
- なす……3個（240g）
- サラダ油……適量
- 白ねぎ……5㎝
- パプリカ（赤）……½個（75g）
- にんにく……½片
- しょうが……1片
- 豆板醤・甜麺醤……各大さじ1⅓
- A
  - 水……200㎖
  - しょう油・酒……各大さじ1
  - 塩・こしょう……各少々
  - 顆粒中華スープの素……ひとつまみ
- 酢……小さじ1
- 片栗粉……小さじ2
  ▶大さじ1⅓の水で溶く
- 万能ねぎ……適量

作り方

① なすは横2等分にカットし、縦6つ割りにする。白ねぎ、パプリカ、にんにく、しょうがはみじん切りにする。

② なすは180度に熱した揚げ油（サラダ油）で素揚げにする。別のフライパンにサラダ油を熱して豚ひき肉を炒め、肉の色が変わったらにんにくとしょうがを加えて炒め、豆板醤と甜麺醤を加えて和える。

③ ②の豚ひき肉に、発酵玉ねぎあん、**A**となすを加えて2〜3分煮詰め、白ねぎ、パプリカ、酢を加えてさっと煮たら、水溶き片栗粉でとろみをつける。

④ 器に盛り、小口切りにした万能ねぎを散らす。

発酵玉ねぎあんをプラスすることで、消化吸収もよくなり、ピリ辛の中にほんのりとした甘さ、うま味が増します。

☞ これもおすすめ　じゃがいもあん　にんじんあん

ぶどうと小玉ねぎのマリネ キャロット風味

にんじんあん

副菜にもデザートの代わりにもなる一品

材料（2人分）

- 発酵にんじんあん（作り方p.21参照）…60g
- ぶどう（クリムゾン、デラウェアなど）…240g（約2房）
- 小玉ねぎ…8〜12個
- バター…50g
- A
  - 赤ワイン…大さじ4
  - はちみつ…大さじ2
  - 白ワインビネガー…大さじ1⅓
  - 水…大さじ8
- 塩・黒こしょう…各適量
- オレガノ…適量

作り方

① 小玉ねぎは湯につけて皮をむく。

② 鍋にバターを溶かし、①をさっと炒めたら、発酵にんじんあんとAを加えて小玉ねぎに火が入るまで煮る。

③ 塩・黒こしょうで味を調え、ぶどうを皮ごと加えてさっと火を通す。粗熱を取り、好みでオレガノのみじん切りをふる。

☞ これもおすすめ　かぼちゃあん　さつまいもあん　じゃがいもあん　玉ねぎあん

ベジあん入り野菜のテリーヌ

かぼちゃあん

にんじんあん

ベジあんのグラデーションが綺麗なパーティーメニュー

材料（作りやすい分量・18㎝パウンド型1台）

- 発酵かぼちゃあん（作り方p.16参照）…200g
- 発酵にんじんあん（作り方p.21参照）…200g
- オクラ…8〜10本
- ズッキーニ…1本
- ヤングコーン（水煮）…8〜10本
- 水…250㎖
- 固形スープの素…1個
- 板ゼラチン…18g（6g×3）

下準備

板ゼラチンは6gを3組に分けてそれぞれ冷水でふやかす（粉ゼラチンの場合は同量に計量し、それぞれ5倍の水にふり入れてふやかす）。

作り方

① オクラはヘタとガクを切り落として塩茹でし、ズッキーニは縦にピーラーでスライスする。

② 鍋に分量の水を沸騰させ、固形スープの素を入れて溶かし、粗熱を取り80℃くらいまでに冷ましたら、約80㎖ずつ3等分に耐熱容器に分ける。1つの液にはふやかしたゼラチン6gを入れて溶かし込み、常温で冷ます。

③ パウンド型の外側に液体漏れ防止にラップを巻き、内側にもラップを敷いて、型の内側にズッキーニを隙間ができないように重ねながら敷き詰める（a、b）。オクラ、ヤングコーンの順に重ね、②のゼラチン液をヤングコーンが浸るくらいまで流す。

④ ②の残り⅓には発酵かぼちゃあんを加えてよく混ぜ、湯煎にあてながらよく熱を入れ、ゼラチン6gを加えて溶かし込み、③の上に流して平らにする。

⑤ ④と同様に残りの②の⅓には発酵にんじんあんを加えてよく混ぜ、湯煎にあててしっかりと熱を入れ、ゼラチン6gを加えて溶かし込み、④の上に流して平らにする。仕上げに型からはみ出ているズッキーニを上面に折りたたみ、冷蔵庫で4〜5時間冷やし固める。

a

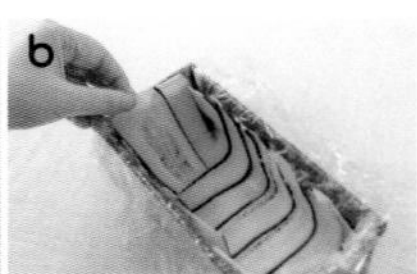
b

☞ これもおすすめ　すべてOK

ぶどうと小玉ねぎのマリネ
キャロット風味

ベジあん入り野菜のテリーヌ

焼きカブとトマトのサラダ にんじんあんドレッシング

ほんのりとした甘さのドレッシングが野菜の味を引き立てます

材料（サラダ・2人分、にんじんあんドレッシング・でき上がり約70g）

サラダ

カブ（葉付き）……2個（100g）
プチトマト……4個
ベーコン（スライス）……2枚（40g）
マジョラム（あれば）……適量
にんじんあんドレッシング（作り方下記参照）……適量
オリーブ油……小さじ1
塩……少々

にんじんあんドレッシング

A

発酵にんじんあん（作り方p.21参照）……30g
酢……大さじ2
オリーブ油……大さじ1
塩・こしょう……各少々

▶すべての材料をよく混ぜる

作り方

① カブは皮をむいて8等分に切り、オリーブ油をまぶす。葉は3㎝長さに切って塩をふり、軽くもむ。プチトマトは横半分に切る。ベーコンは1㎝幅に切る。

② カブの実は予熱をした魚焼きグリルに入れて焼き色がつくまで焼く。ベーコンは油をひかずにフライパンで焼く。

③ ①のカブの葉と②、プチトマトを合わせて器に盛り、あればマジョラムを飾り、にんじんあんドレッシングをかける。

見た目にも鮮やかなビタミンカラーのにんじんあんは、ドレッシングにすることで吸収率もアップします。淡泊なカブは焼くことで風味もアップ。

☞ これもおすすめ　かぼちゃあん　栗あん　さつまいもあん　玉ねぎあん

玉ねぎあんの大根のそぼろあんかけ

玉ねぎあん

味が決まりにくい和風の煮ものには発酵ベジあんをプラス!

材料(4人分)

発酵玉ねぎあん(作り方p.22参照)……30g
大根……16cm(約1/4本)
鶏ひき肉……100g
出汁……600mℓ
酒……大さじ1
塩……小さじ1/3
しょう油……大さじ2/3
片栗粉……大さじ1/2
▶水大さじ2で溶く
しょうがのすりおろし……適量
万能ねぎ(小口切り)……適量

和風料理など、あんに色をつけたくない場合は玉ねぎあんがおすすめ。

作り方

① 大根を茹でこぼす。大根は皮をむいて4cm厚さの輪切りにして水から茹で、沸騰して7〜8分したら火を止めて湯を捨てる。

② 鍋に①と出汁を入れて弱火で40分煮たら塩を加え、さらに10〜15分煮る。

③ そぼろを作る。別の鍋に鶏ひき肉と酒を加えて肉の色が変わったら、②の出汁を1カップ加えて煮立てる。発酵玉ねぎあんとしょう油を加えてさらに弱火で5分煮る。

④ ③に水溶き片栗粉を加えてとろみをつける。器に②の大根を盛り、あんをかけてしょうがのすりおろしと万能ねぎをかける。

これもおすすめ 栗あん じゃがいもあん

グリーンピースあんのバーニャカウダ風

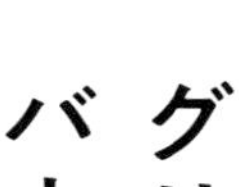

グリーンピースあん

アンチョビとグリーンピースが意外な好相性

材料（2人分）

バーニャカウダソース

発酵グリーンピースあん（作り方p.20参照）……20g
にんにく……20g
牛乳……150mℓ
アンチョビフィレ……1〜2枚
オリーブ油……適量
塩・こしょう……各適量

つけ合わせ

プチトマト……2個
ブロッコリー……小房2個
ホワイトアスパラガス……2本
パプリカ（黄）……1/10個
ラディッシュ……1/2個
チコリ……2枚
ベビーリーフ……適量

作り方

① つけ合わせのブロッコリーは小房に分けて好みのかたさに茹でる。ホワイトアスパラガスはピーラーで下半分のかたい皮をむき、さっと茹でる。プチトマトは横2等分、パプリカは細切り、ラディッシュは薄切りにする。

② **〈バーニャカウダソースを作る〉**にんにくは薄切りにし、牛乳とともに鍋に入れて弱火でやわらかくなるまで煮る。

③ 熱したフライパンにオリーブ油小さじ1をひいて、みじん切りにしたアンチョビを炒める。

④ ②、③と発酵グリーンピースあんを合わせてミキサーにかける。

⑤ ④を器に入れて好みでオリーブ油を入れて皿にのせ、①のつけ合わせ野菜、チコリとベビーリーフをのせる。

☞ これもおすすめ　じゃがいもあん　玉ねぎあん　ピーナッツあん

アスパラガスのミモザサラダ 紫いもあんドレッシング

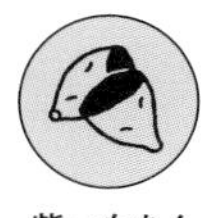
紫いもあん

紫いもあんの綺麗な彩りが楽しめるサラダ

材料（サラダ・2人分、紫いもあんドレッシング・でき上がり約90g）

サラダ

グリーンアスパラガス……6本
茹で卵……1個
紫いもあんドレッシング……適量
塩・こしょう……各少々

紫いもあんドレッシング

発酵紫いもあん（作り方p.19参照）……40g

A
- マヨネーズ……大さじ2（24g）
- 酢……大さじ2
- にんにくのすりおろし……¼片
- 粉チーズ……10g
- オリーブ油……大さじ1
- 塩・黒こしょう……各適量

作り方

① **〈紫いもあんドレッシングを作る〉**ボウルに発酵紫いもあんを入れて、よく混ぜ合わせた**A**を少しずつ加えてダマがないようにのばす。

② アスパラガスはピーラーで下半分のかたい皮をむき、1分ほど塩茹でして冷ます。茹で卵はみじん切りにする。

③ 器に②のアスパラガスと茹で卵をのせて、塩・こしょうをふり、紫いもあんドレッシングをかける。

紫いもあんドレッシングは、いろいろなサラダのドレッシングとしても活躍します。

☞ これもおすすめ　かぼちゃあん　じゃがいもあん　玉ねぎあん　にんじんあん

玉ねぎあん入り コールスロー

ハッセルバックポテト グリーンピースあんクリーム添え

野菜本来の味も引き立てます

材料（2人分）

発酵玉ねぎあん（作り方p.22参照）……45g
キャベツ……½個（100g）
にんじん……⅙個（20g）
玉ねぎ……⅛個（25g）
塩……適量
A
　サラダ油、酢……各小さじ2
　マヨネーズ……大さじ½
　塩・こしょう……各少々

作り方

① キャベツは水洗いし、5㎜幅の千切り、にんじんは千切り、玉ねぎは薄切りにして、それぞれに塩少々をふって混ぜ、しんなりするまで20分ほどおく。

② 発酵玉ねぎあんとAを合わせて混ぜ、汁けをきった②に加えてよく混ぜ、2〜3時間おいて味をなじませる。

☞ これもおすすめ　すべてOK

チーズソースをベジあんでアレンジ

材料（2人分）

発酵グリーンピースあん
　（作り方p.20参照）……20g
じゃがいも（メークイン）
　……大2個（300g）
ベーコン（スライス）……2枚（40g）
A
　マスカルポーネチーズ…40g
　レモン果汁……小さじ½弱
オリーブ油……大さじ1½
タイム……4本
塩・黒こしょう……各適量

作り方

① まな板に割り箸2本を並行に置き、その間にじゃがいもを挟み、2㎜幅になるように、割り箸の高さまで切り込みを入れる。

② ボウルに水を張って①を入れて澱粉を落としたあと、水けをきる。

③ 耐熱容器に②を入れ、じゃがいもの表面にオリーブ油を刷毛で塗り、好みの大きさにカットしたベーコンを所々切れ目に挟み、上から塩をふり、タイムを添える。

④ ③を230℃に予熱したオーブンで25〜30分焼く。

⑤ **〈チーズソースを作る〉** 発酵グリーンピースあんとAをよく混ぜて塩・黒こしょうで味を調える。オーブンから取り出した④の上にかけ、好みで黒こしょうをふる。

☞ これもおすすめ　かぼちゃあん　さつまいもあん　じゃがいもあん　にんじんあん

小松菜のピーナッツあん白和え

香ばしさがよりアップ!

材料(2人分)

- 発酵ピーナッツあん(作り方p.23参照)……60g
- 小松菜……½束(100g)
- 木綿豆腐……100g
- A
  - しょう油……小さじ2
  - 出汁……大さじ2
- 桜えび(乾燥)……6g

作り方

① 小松菜は茹でて水に取り、水けをよく絞って1cm幅に切る。木綿豆腐はキッチンペーパーに包んで重石をのせて1時間おいて水けをよくきる。

② すり鉢に発酵ピーナッツあんと木綿豆腐、Aを加えてよく混ぜ合わせる。

③ ②に小松菜と桜えびを加えてよく和える。

白和えにピーナッツあんを使用することで、いつもの白和えがぐんと香ばしいおいしさに。

☞ これもおすすめ　すべてOK

レンコンの辛子ベジあん和え

ハーブを加えることで洋風仕立てに

材料(2人分)

- 発酵じゃがいもあん(作り方p.18参照)……30g
- レンコン……1⅔節(200g)
- A
  - 水……600mℓ
  - 酢……大さじ1
  - 塩……少々
- B
  - 和辛子……小さじ1
  - 味噌……小さじ2
  - 水……小さじ1
- ディル(あれば)……適量

作り方

① レンコンは皮をむいて5mm厚さの半月切りにしてさっと水に通し、沸騰させたAに入れて1分ほど茹で、ざるにあけて水けをきる。

② ボウルに発酵じゃがいもあんとBを入れてよく混ぜ、粗熱が取れた①を加えてよく和える。あればディルを散らす。

発酵じゃがいもあんは主役を活かす素材におすすめ。レンコンのシャキシャキした食感と、じゃがいもあんの甘さが絶妙にマッチ。さらにディルを加えることで爽やかな洋風仕立てのサラダに。

☞ これもおすすめ　栗あん　玉ねぎあん　ピーナッツあん

玉ねぎあん
コクまろ和風カレー

玉ねぎあんがうま味の素に。時短カレーが作れます

材料（2人分）

発酵玉ねぎあん（作り方p.22参照）……75g
豚薄切り肉……100g
にんじん……½本（100g）
じゃがいも……1個（100g）
玉ねぎ……¼個（50g）
インゲン……3本
にんにく・しょうが（みじん切り）…各¼片
サラダ油……小さじ1

A
- 出汁……300mℓ
- 塩……小さじ½

B
- カレー粉……小さじ2
- ガラムマサラ……小さじ⅛
- 味噌……大さじ1½
- ケチャップ……大さじ1～2

塩・こしょう……各適量
ご飯……適量

作り方

① 豚肉は一口大に切り、にんじんとじゃがいもは2～3㎝の乱切りに、玉ねぎはくし形切り、インゲンは筋を取り塩茹でして⅓長さに切る。

② 鍋にサラダ油を熱して豚肉を入れ、全体に火が通ったら取り出す。同じ鍋に、にんにくとしょうがを入れて弱火で炒め、香りが立ったら①のにんじん、じゃがいも、玉ねぎを加えて全体に油がなじむまで軽く炒める。

③ 豚肉を戻し入れ、発酵玉ねぎあん、Aを加え、沸騰したら弱火で20分ほど煮る。

④ Bを加えてなじませ、塩・こしょうで味を調える。

⑤ 器にご飯と④を盛り、インゲンを散らす。

☞ これもおすすめ　かぼちゃあん　さつまいもあん　じゃがいもあん　にんじんあん

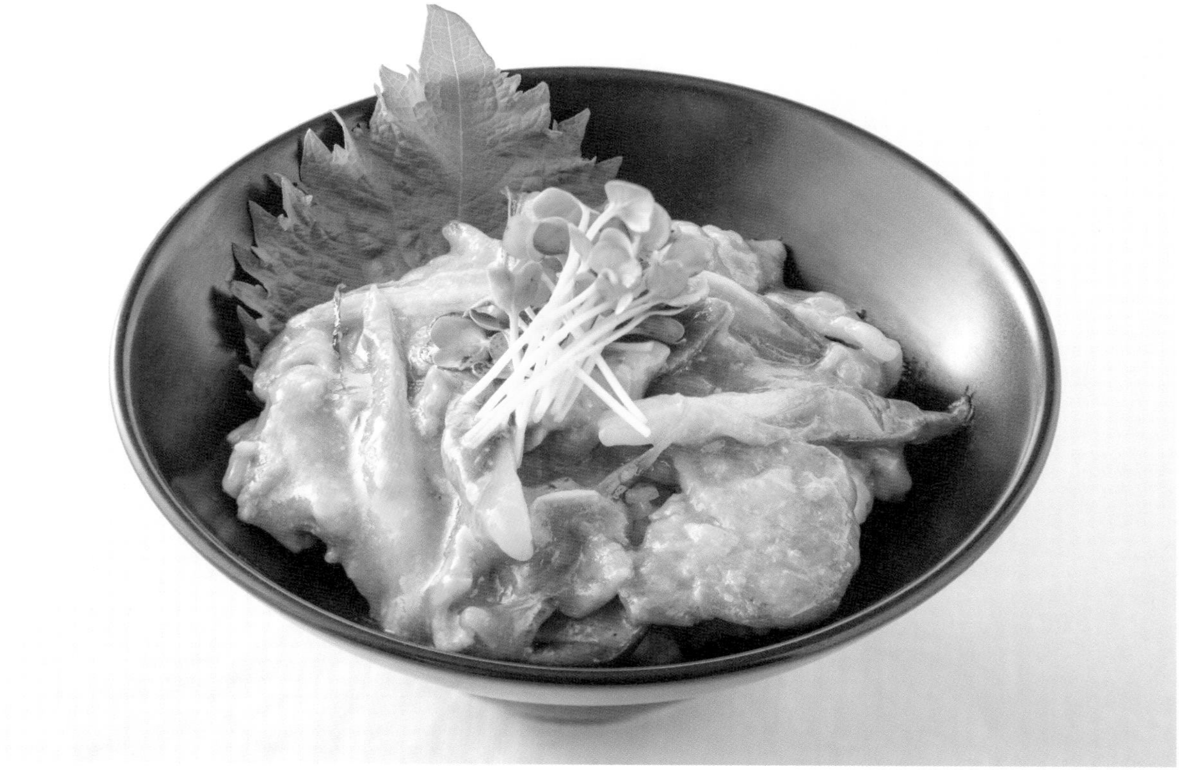

豚肉とみょうがのベジあんかけ丼

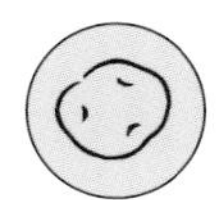

2種のベジあんをお肉とタレに使います

材料（2人分）

発酵玉ねぎあん（作り方p.22参照）……30g
発酵じゃがいもあん（作り方p.18参照）…30g
豚薄切り肉……150g
みょうが……4本
貝われ菜……適量
ご飯……どんぶり2杯分
A
| 酒・しょう油……各小さじ2
片栗粉……小さじ2
B
| 出汁……½カップ（100mℓ）
| 酒・はちみつ……各大さじ1
| しょう油……小さじ1½
| 塩……小さじ¼
| 酢……大さじ2弱
片栗粉……小さじ1
►小さじ2の水で溶く
サラダ油……適量
大葉……2枚

作り方

① 豚肉は一口大に切り、ボウルに発酵玉ねぎあん、Aとともに入れてもみ込み、片栗粉を加えてよく混ぜる。みょうがは縦4等分に切る。

② フライパンにサラダ油を熱して①の豚肉をこんがりと焼き目がつくまで焼き、取り出す。

③ ②のフライパンにサラダ油を少量足して熱し、みょうがを加えて炒め、発酵じゃがいもあんとBを加えて沸騰したら、水溶き片栗粉を加えてとろみをつける。

④ どんぶりにご飯を盛り、大葉と②をのせ、③をかけて貝われ菜をのせる。

豚肉にベジあんを使用することで、お肉がやわらかくジューシーに。ベジあんを使ったタレは優しい甘さになります。

☞ これもおすすめ　かぼちゃあん　さつまいもあん　にんじんあん

かぼちゃあん
カルボナーラ

かぼちゃあん

生クリームなしでも濃厚。病みつきのおいしさ!

材料（2人分）

発酵かぼちゃあん（作り方p.16参照）……30〜40g
ベーコン（ブロック）……60g
好みのパスタ……120g
A
　パルミジャーノ（すりおろし・粉チーズでも可）……40g
　卵黄……2個
　全卵……1個
　黒こしょう……適量
　▶すべての材料をよく混ぜる
B
　白ワイン……80㎖
　水……60㎖
オリーブ油……適量
塩・黒こしょう……各適量

作り方

① ベーコンは5㎜厚さ、1㎝幅の短冊切りにする。フライパンにオリーブ油を熱して弱火で炒め、全体に火が通ったら**B**を加えて沸騰させ、火を止める。

② 別の鍋でパスタを袋の表示通りに茹で、湯をきる。パスタ、発酵かぼちゃあんを**A**と混ぜ合わせ、①に加えてよく混ぜる。

③ ②を弱めの中火にかけて混ぜ続けながらとろみをつけ、塩・黒こしょうで味を調える。器に盛り、黒こしょうをふる。

生クリームなしでも、発酵かぼちゃあんが加わることで甘みが増し、十分濃厚なソースになります。

☞ これもおすすめ　じゃがいもあん　玉ねぎあん　ピーナッツあん

さつまいもあんときのこのリゾット

さつまいもあん

ベジあんは米や乳製品の味を引き立てます。いろいろなベジあんで試して

材料（2人分）

発酵さつまいもあん（作り方p.19参照）……100g
米（洗わない）……½カップ（75g）
玉ねぎ……¼個（50g）
ベーコン（スライス）……30g
しめじ……⅓パック（35g）
マッシュルーム……2個（20g）
まいたけ……½パック（50g）
オリーブ油……適量
バター……5g
A
　白ワイン……大さじ1½
　水……300mℓ
　固形スープの素……½個
　牛乳……100mℓ
B
　生クリーム・粉チーズ……各大さじ1
塩・こしょう……各少々
パセリ……適量

作り方

① しめじとまいたけは小房に分け、マッシュルームは縦4等分に裂く。ベーコンは1cm幅に、玉ねぎはみじん切りにする。Aは合わせて温める。

② フライパンにオリーブ油とバターを熱し、玉ねぎを入れて透明になるまで炒めたらベーコンを加えてさらに炒める。

③ ②に米と①のきのこ類を加えて米が透き通るまで炒め、発酵さつまいもあんと温めたAを¼量ほど加えて弱火で煮て、汁けが飛んだらAの¼量をさらに加えて煮る（これを合計4回繰り返し、約30分ほど煮る）。

④ 米に火が通ったらBを加え混ぜ、塩・こしょうで味を調える。器に盛り、パセリのみじん切りをふる。

これもおすすめ　かぼちゃあん　じゃがいもあん　玉ねぎあん　にんじんあん

グリーンピースあんの ブルスケッタ

グリーンピースあん

定番のトマトの代わりにグリーンピースあんで!

材料(2人分)

- 発酵グリーンピースあん(作り方p.20参照)……120g
- バゲット(1〜1.5㎝厚さ)……4枚
- 生ハム……適量
- 粉チーズ(パルメザンチーズ)……適量
- にんにく(みじん切り)……1片
- イタリアンパセリ……適量
- 塩・こしょう……各少々
- オリーブ油……適量

作り方

1. イタリアンパセリはトッピング用を残してみじん切りにする。
2. 発酵グリーンピースあんに①とにんにくを混ぜ、塩・こしょうを加えて混ぜる。
3. バゲットの片面にオリーブ油を塗って②をのせ、粉チーズをふって、オーブントースターで焦げ目がつくまで焼き、焼き上がりに生ハム、イタリアンパセリを飾る。

ベジあんとチーズ、生ハムの甘じょっぱい風味があとを引くおいしさです。

☞ これもおすすめ　すべてOK

ベジあんのウェーブトースト

グリーンピースあん

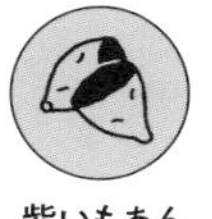
紫いもあん

カラフルなベジあんでトーストアートを!

材料(1人分)

発酵グリーンピースあん
(作り方p.20参照) …… 35g
発酵紫いもあん(作り方p.19参照) …… 35g
食パン …… 1枚
バター …… 適量

作り方

① 食パンをトーストしてバターを塗る。
② 2種の発酵ベジあんをスプーンで①にのせ、スプーンの背で少し押さえて手前に引き、2種のあんが交互に色が重ならないようにこれを繰り返す。

朝食などにぴったりの、2種のあんをトーストにのせるウェーブトースト。お子様と一緒に作るのもおすすめです。

☞ これもおすすめ　すべてOK

玉ねぎあんの時短オニオングラタンスープ

玉ねぎあん

スープ革命。おいしくて簡単!

材料（2人分）

発酵玉ねぎあん（作り方p.22参照）……80g
バゲット（1cm弱の厚さ）…2〜4切れ
とろけるチーズ……30g
A
- 固形スープの素……1個
- 水……200mℓ
- 塩……小さじ1/4

塩・こしょう……各適量
バター……10g

作り方

① バゲットはトースターで好みに焼く。

② 鍋にバターを溶かし、発酵玉ねぎあんを加えてバターがなじむまで混ぜながら弱火にかける。

③ ②に**A**を加えて1〜2分弱火で煮込み、塩・こしょうで味を調える。

④ 耐熱スープ皿に③を注ぎ、バゲットととろけるチーズをのせ、トースター、または250℃に予熱したオーブンでチーズがこんがりするまで焼く。

通常は、じっくり玉ねぎを炒めて甘さを出しますが、発酵玉ねぎあんを使えば炒める工程が省けて、しかも時短なのにうま味のきいたオニオングラタンスープになります。

☞ これもおすすめ　じゃがいもあん

グリーンピースあんのスープ

グリーンピースあん

ミントの葉が爽やか。温めても冷やしてもおすすめ!

材料（2人分）

発酵グリーンピースあん
（作り方p.20参照）……200g
玉ねぎ……½個（100g）
バター……10g
固形スープの素……1個
水……200㎖
牛乳……100㎖
塩・こしょう……各適量
ミントの葉……適量

作り方

① 鍋にバターを溶かして薄切りにした玉ねぎを炒め、しんなりしてきたら、コンソメと水100㎖を加えて弱火で10分煮て冷ます。
② 発酵グリーンピースあんと①、残りの水をミキサーにかけて鍋に戻したら、牛乳を加えて弱火で温め、塩・こしょうで味を調える。
③ 器に盛り、好みでミントの葉を散らす。

グリーンピースが苦手な人でも飲みやすいスープです。

☞ これもおすすめ　すべてOK

じゃがいもあんの冷製スープ

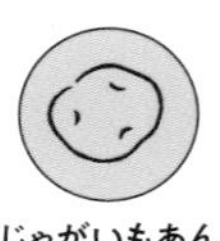
じゃがいもあん

食欲がないときなどでも飲みやすく、吸収しやすいのも魅力

材料（2人分）

- 発酵じゃがいもあん（作り方p.18参照）……200g
- 玉ねぎ……1/8個（25g）
- バター……5g
- 牛乳……100mℓ
- A
  - 水……150mℓ
  - 固形スープの素……1/4個
  - 塩・黒こしょう……各少々
- 生クリーム……適量
- パセリ……適量

作り方

① 玉ねぎはみじん切りにし、鍋にバターを溶かしてしんなりとするまで炒めたら、Aを加えて弱火で7〜8分煮る。

② ①の粗熱が取れたら発酵じゃがいもあんとともにミキサーにかけ、再び鍋に戻す。

③ 牛乳を加え、塩・黒こしょう（各分量外）で味を調えて冷やす。

④ 器に盛り、好みで生クリームをかけ、パセリのみじん切りを散らす。

ヴィシソワーズも簡単に作れます。

☞ これもおすすめ　すべてOK

にんじんあんとオレンジの冷製スープ

にんじんあん

混ぜるだけなのに栄養満点な絶品スープができます

材料（2人分）

- 発酵にんじんあん（作り方p.21参照）……150g
- オレンジの皮……1/4個分
- A
  - オレンジ果汁……1/2個分（約60g）
  - 牛乳……125mℓ
  - 生クリーム……25mℓ
- タイムの葉（あれば）……少々
- 塩・黒こしょう……各適量
- オリーブ油……適宜

作り方

① オレンジの皮はすりおろす。

② 発酵にんじんあんにAと塩・黒こしょうを合わせてミキサーにかけ、①の2/3量とあればタイムの葉を加えて混ぜる。

③ 器に盛り、仕上げにオリーブ油をたらし、残りの①とタイムの葉を散らす。

オレンジとにんじんあんのマリアージュ。オリーブ油がビタミンの吸収率をアップさせます。

☞ これもおすすめ　かぼちゃあん

じゃがいもあんの
冷製スープ

にんじんあんと
オレンジの冷製スープ

紫いもあんとココナッツのスープ

紫いもあん

べじあんにココナッツの風味をプラスしてアジアンな仕上がりに

材料（2人分）

発酵紫いもあん（作り方p.19参照）……200g

A
- 水……60mℓ
- ココナッツミルク……75mℓ
- 豆乳……75mℓ
- 塩……ふたつまみ

ココナッツロング……適量

メープルシロップ……適量

作り方

① 鍋に発酵紫いもあんとAを入れて火にかける。

② ココナッツロングはフライパンで乾煎りする。

③ ①を器に流し、②をのせ、好みでメープルシロップをかける。

紫いもあんとココナッツを使用したスープ。豆乳を加えていますが、牛乳でも代用できます。冷たく冷やしてもおいしいです。

これもおすすめ　かぼちゃあん　さつまいもあん　じゃがいもあん　にんじんあん

Part

発酵ベジあんの おやつ

発酵ベジあんは、和・洋のおやつとも好相性。
しかも砂糖の量も控えめ。冷たいお菓子、焼き菓子、
小さなお子様でも作れる簡単おやつ、和菓子、ドリンク&ペーストまで、
9種類の発酵ベジあんをたっぷり使ったおやつを紹介します

かぼちゃあんのレアチーズケーキ

かぼちゃあん

ベジあんが見た目にも彩りを添え、
味のアクセントになります

材料（直径15㎝セルクル1台分）

発酵かぼちゃあん（作り方p.16参照）……110g
▶70gと40gに分けておく
クリームチーズ……200g
牛乳……135㎖
上白糖……75g
卵黄……30g
生クリーム……120g
板ゼラチン……2枚（6g）
レモン果汁……小さじ1
シートスポンジ生地（作り方p.95参照）……1枚
アメリカンチェリー……適量
ミント……適量

下準備

・シートスポンジ生地はp.95を参照にして作り、直径15㎝の丸形に切り、型の底に敷く。
・板ゼラチンは氷水でふやかし、水けをきる（粉ゼラチンの場合は5倍量の水30㎖にふり入れてふやかす）。

クリームチーズは粒が残りやすいので、よくほぐし、製作途中でダマができた場合は必ず漉してください。

作り方

① 鍋に牛乳と上白糖の2/3量を入れて火にかけ、沸騰直前まで温める。

② 卵黄に残りの上白糖を加えて混ぜ、①を加えて溶きのばし、鍋に戻し入れ、弱火でさっととろみをつける。ゼラチンを加えてよく混ぜ、漉しながらボウルに入れ、氷水にあてて粗熱を取る。

③ ボウルに生クリームを入れ、軽く角が立つくらいまで泡立てる。

④ 別のボウルにクリームチーズをほぐし、②を少しずつ加えて混ぜ、レモン果汁を加えてざっと混ぜたら、③の生クリームに数回に分けて加え混ぜる。

⑤ スポンジを敷いた型に、発酵かぼちゃあん70gを型の中央に直径10㎝ほどに広げ（a）、④を流し入れて冷蔵庫で冷やし固める。

⑥ 湯で絞ったタオルを型にあててはずし、チーズケーキを皿に移し、発酵かぼちゃあん40g、アメリカンチェリーとミントをセンターに飾る。

冷蔵保存で2日間可能。

a
スポンジ生地の中央に発酵かぼちゃあんをのせる。

☞ **これもおすすめ**　さつまいもあん　にんじんあん　紫いもあん

モンブランロール

栗あん

発酵栗あんを贅沢に使った
ご褒美スイーツ

材料（でき上がり長さ18㎝1本分）

シートスポンジ生地
（26×38㎝天板½枚）

卵……3個
上白糖……50g
薄力粉……45g
無糖バター……20g

クリーム

生クリーム……300㎖
上白糖……27g
渋皮マロン……3個
▶7～8㎜角に切る

モンブランクリーム

発酵栗あん（作り方p.24参照）……100g
無塩バター……50g
てんさい糖……10g
バニラビーンズ（種のみ使用）……少量
ラム酒……小さじ2

仕上げ

発酵栗あん（作り方p.24参照）……40g
渋皮マロン……3個
飾り用チョコ（市販品）……適量

モンブランクリームは溶けやすいので、冷やしながらしっかりと泡立て、手早く絞ってください。

下準備

・薄力粉はふるう。
・シートスポンジ生地の無塩バターは湯煎で溶かす。
・オーブンは190℃に予熱する。
・発酵栗あんはフードプロセッサーにかける。

作り方

① **〈シートスポンジ生地を作る〉**左記配合で、p.95のスポンジ生地の作り方の①～⑤を参照にして生地を作り、冷ます。

② **〈クリームを作る〉**生クリームに上白糖を加えて軽く角が立つくらいに泡立てる。

③ ①に②を表面用を残して広げ、カットした渋皮マロンを散らす。オーブンシートの端を持って生地を転がすように巻いて、冷蔵庫で30分ほど冷やしたら、表面に残りのクリームを薄く塗る。

④ **〈モンブランクリームを作る〉**無塩バターとてんさい糖をハンドミキサーで泡立て、白っぽくなったら氷水にあてながら発酵栗あんを少しずつ加え、バニラビーンズ、ラム酒の順に加えて泡立て、絞れるくらいのかたさになったらモンブラン用の口金をセットした絞り袋に入れる。

⑤ ③の上面に④を絞り（a）、カットした渋皮マロンと飾り用チョコをのせる。

冷蔵保存で2日間可能。

クリームの上にモンブランクリームを絞る。

☞ これもおすすめ　かぼちゃあん　さつまいもあん　にんじんあん　紫いもあん

にんじんあんのチーズケーキ

にんじんあん

カットするとにんじんのきれいな色が映えます

材料（バットキャビネサイズ 21×16.5×3㎝1台分）

発酵にんじんあん（作り方p.21参照）…………200g
クリームチーズ…………200g
サワークリーム…………40g
てんさい糖…………45g
卵…………70g
ラム酒…………小さじ1
A
　薄力粉…………45g
　オールスパイス…………少々
無塩バター…………15g
チョコクッキークリームサンド（市販品）…………4組

下準備

・クリームチーズは常温に戻す。
・無塩バターは湯煎で溶かす。
・オーブンは170℃に予熱する。
・薄力粉はふるう。
・型に製菓用シートを敷く。

作り方

① チョコクッキークリームサンドは袋に入れてクリームごと細かく砕き、溶かしておいた無塩バターに加えて混ぜ、型の底にスプーンで薄く広げる。

② クリームチーズとサワークリームをゴムべらでほぐし、てんさい糖を加え、卵を少量ずつ加えて混ぜる。

③ 発酵にんじんあん、ラム酒を順に加えて混ぜたら**A**を加えて混ぜ、①に流し入れ、170℃のオーブンで約45分焼く。

④ 粗熱が取れたら型ごと3時間以上冷やす。

冷蔵保存で3日間可能。

☞ **これもおすすめ**　かぼちゃあん　さつまいもあん

栗あんとホワイトチョコレートのテリーヌ

栗あん

湯煎焼きだからしっとり食感に。栗あんでゴージャス感アップ

材料（パウンド型18cm1台分）

- 発酵栗あん（作り方p.24参照）……70g
- 製菓用ホワイトチョコレート…200g
- クリームチーズ……150g
- 生クリーム……150g
- 薄力粉……10g
- 卵……2個
- 上白糖……10g
- グランマルニエ……大さじ2

下準備

- 型に製菓用シートを敷く。
- 薄力粉はふるう。
- クリームチーズ、卵は常温に戻す。
- オーブンは170℃に予熱する。

作り方

① 生クリームを温め、ホワイトチョコレートを加えて溶かす。

② ボウルにクリームチーズをほぐして上白糖を加えてよく混ぜ、卵を少しずつ加え混ぜる。

③ ②に①、グランマルニエ、薄力粉を順に加えて混ぜる。

④ 型に③を少量流して発酵栗あんをのせ、その上に残りの③を流し入れる。型の底をアルミホイルで包んで、170℃のオーブンで約1時間湯煎焼きにする。

⑤ 冷めてから型から外す。

冷蔵保存で5日間可能。

湯煎の湯が少ないと焼き菓子のような食感になってしまうので、湯は生地の高さの半分以上の高さになるようにしてください。

これもおすすめ かぼちゃあん　さつまいもあん　にんじんあん　紫いもあん

ピーナッツあんパリブレスト

クリームのおいしさとナッティーな香ばしさの二重奏！

材料（直径8cm6個分）

シュー生地
（作り方p.93参照、直径8cm6個分全量を使う）

ピーナッツあんクリーム
発酵ピーナッツあん（作り方p.23参照）……130g
チョコカスタードクリーム ……下記配合で作ったもの
無塩バター……140g
ラム酒……大さじ½
ラムレーズン……15g

チョコカスタードクリーム
製菓用ミルクチョコレート……50g
牛乳……200mℓ
卵黄……2個
てんさい糖……40g
薄力粉……25g
バニラビーンズ（あれば）……⅕本

仕上げ
粉糖……適量

これもおすすめ　栗あん

作り方

① シュー生地は左記配合でp.93を参照にしてリング状に作る。

② **〈チョコカスタードクリームを作る〉**左記配合でp.94の①～⑤を参照にしてカスタードクリームを炊き、ミルクチョコレートを加えて溶かし込み、バットに移して氷水にあてて急冷させる。

③ **〈ピーナッツあんクリームを作る〉**無塩バターを泡立て、冷やした②を少しずつ加えたら、氷水にあてながら発酵ピーナッツあんを少しずつ加えて泡立て、ラム酒と細かくカットしたラムレーズンを加えて混ぜ、直径1cm程度の星口金をセットした絞り袋に入れる。

④ ①のシュー生地を半分にスライスし、中に③を2段に絞って、もう1枚の生地で蓋をして、粉糖をふる。

冷蔵保存で2日間可能。

かぼちゃあん
かぼちゃあん
にんじんあん

発酵ベジあんの豆乳葛プリン

かぼちゃあん

にんじんあん

葛も野菜も蒸さず作れる喉越しのよい簡単プリン

材料（100㎖のプリン型８個分・各４個分）

A
発酵かぼちゃあん（作り方 p.16 参照）……200g

B
発酵にんじんあん（作り方 p.21 参照）……200g

A、B共通
豆乳……300㎖
本葛粉……25g

キャラメルソース
上白糖……30g
水……大さじ1

作り方

① 鍋に本葛粉を入れ、豆乳を少しずつ加えてよく混ぜたら、AもしくはBのあんを加えて混ぜる。

② 鍋を火にかけ、常に混ぜながらとろみをつけ、器に流して粗熱が取れたら冷やし固める。

③ **〈キャラメルソースを作る〉**鍋に上白糖と水を入れ、中火にかける。時々鍋を回すようにしながら全体を溶かし、色づいてきたら弱火にしてカラメル色になるまで煮詰め、②の表面に流す。

冷蔵保存で3日間可能。

ベジあんで作ると野菜などの裏漉しの処理もなくお手軽に作れます。

☞ これもおすすめ　栗あん　さつまいもあん　紫いもあん

にんじんあんクリームのデコレーションケーキ

にんじんあん

にんじんあんがアクセントカラーになった華やかなパーティーケーキ

材料（直径15㎝デコ缶1台分）

スポンジ生地

卵……2個
上白糖……60g
薄力粉……60g
無塩バター……10g

にんじんあんクリーム

発酵にんじんあん（作り方p.21参照）……80g
生クリーム……100㎖
上白糖……5g
キルシュ……小さじ½

クリーム

生クリーム……300㎖
上白糖……25g
キルシュ……小さじ1

シロップ

てんさい糖……25g
水……50g

いちご、バナナ……各適量
▶薄切り
ブルーベリー、ブラックベリー、チャービル……各適量

下準備

・薄力粉はふるう。
・無塩バターは湯煎にかける。
・型に製菓用シートを敷く。
・卵は常温に戻す。
・オーブンは170℃に予熱する。
・シロップは材料を鍋に入れて沸かし、冷ます。

作り方

① **〈スポンジ生地〉**左記配合で、p.95のスポンジの作り方の①〜⑤を参照にして同様に生地を作り、型に流し、170℃のオーブンで約25分焼き、冷ます。

② ①を型から外し、上下の焼き色のついた部分をナイフでカットし、2枚にスライスしてそれぞれの上面にシロップを塗る。

③ クリームの材料を泡立て、②のスポンジ生地に少量のせ、いちごとバナナのスライスをのせ（a）、さらに上からクリームをのせて広げる。もう1枚のスポンジをシロップを塗った面を下にして重ねる。

④ ③の上面にシロップを塗り、全体にクリームを薄く塗る（b）。

⑤ ボウルににんじんあんクリームの材料を合わせて泡立て、直径1㎝程度の星口金をセットした絞り袋に入れる。

⑥ ⑤のにんじんあんクリームを側面と上面に絞り、好みでいちご、ブルーベリー、ブラックベリー、チャービルを飾る。

冷蔵保存で2日間可能。

a クリーム、フルーツの順にのせる。

b 全体に生クリームを塗る。

ショートケーキのクリームもベジあんを加えることで華やかに。クリームを泡立てるときは、温度が高いと分離しやすいため必ず氷水にあてて泡立てましょう。

これもおすすめ　かぼちゃあん　栗あん　紫いもあん

さつまいもあんクリームのミルクレープ

さつまいもあん

ベジあん入りのリッチなカスタードクリームをサンドします

材料（直径約26cm1台分）

クレープ生地（直径約28cm約10〜14枚）

A
- 牛乳……450mℓ
- 無塩バター……45g

卵……3個
上白糖……30g
塩……ひとつまみ
薄力粉……200g

さつまいもあんクリーム

発酵さつまいもあん（作り方p.19参照）……150g
カスタードクリーム……下記配合で作ったもの
生クリーム……200mℓ

カスタードクリーム

牛乳……100g
上白糖……20g
卵黄……1個
薄力粉……9g
バニラビーンズ……少々

粉糖……適量

下準備

・Aは湯煎で溶かす。
・薄力粉はふるう。

発酵ベジあんの種類を変えると、彩りに変化が出ます。

作り方

① **〈クレープ生地を作る〉**ボウルに卵、上白糖、塩をざっと混ぜ、Aの半量、薄力粉、Aの残りを順に加えながら混ぜる。冷蔵庫に入れ生地を1時間以上寝かせる。

② フッ素樹脂加工のフライパンに少量のバター（分量外）を溶かし、①の生地を薄く流し、途中裏に返しながら（a）、両面に薄い焼き色がつくまで焼く（これを生地がなくなるまで繰り返す）。

③ **〈カスタードクリームを作る〉**左記配合でp.94を参考にして作り、冷やしておく。

④ **〈さつまいもあんクリーム〉**発酵さつまいもあんとほぐした③を合わせ、軽く角が立つくらいに泡立てた生クリームを加えて混ぜる。

⑤ 深めの器やフライパンなどに冷めた①を1枚入れて、④を薄く塗り、これを繰り返しながら重ね、皿などをあててひっくり返して取り出し、好みで粉糖をふる。

冷蔵保存で2日間可能。

a

薄いクレープ生地を裏返す際は、菜箸をそっと生地の端から中央に向かって入れて持ち上げてひっくり返すと失敗しにくいです。

☞ **これもおすすめ** かぼちゃあん　栗あん　にんじんあん　紫いもあん

ベジあんトリュフ

材料を混ぜて上掛け用チョコにくぐらせるだけ！

材料（作りやすい分量・約5個分）

フィリング

好みの発酵ベジあん……30g
クリームチーズ……15g
おからパウダー……2g
はちみつ……6g

上掛け用チョコレート
（ダーク・ホワイト・ストロベリー・抹茶）
……150g/5個

トッピング

フリーズドライラズベリー、ピスタチオ、渋皮マロン、ローストカカオニブ、オレンジピール、アラザン　など
……各適量

下準備

・発酵ベジあんはフードプロセッサーにかける。

ベジあん、チョコとクリームチーズでリッチな風味に。フィリングが丸めにくいときは少し冷やしてから行ってください。チョコは上掛け用チョコを使用してください。

作り方

① クリームチーズをほぐし、好みの発酵ベジあん、おからパウダー、はちみつを入れて混ぜる。

② ①を10gずつ丸めて冷凍庫で10分冷やす。

③ 湯煎で溶かした上掛け用チョコレートに②をくぐらせて（a）、オーブンシートの上に置き、チョコが固まる前にトッピングをのせる（上掛け用ホワイトチョコをトッピングする際は、竹串で模様をつける）。

冷蔵保存で5日間可能。

a

フィリングを上掛け用チョコにくぐらせ、バットの上で冷やし固める。

☞ これもおすすめ　すべてOK

かぼちゃあん

栗あん

グリーンピースあん

さつまいもあん

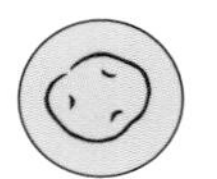
じゃがいもあん

玉ねぎあん

にんじんあん

ピーナッツあん

紫いもあん

ホワイトチョコ×
アラザン
抹茶チョコ
×渋皮マロン
ストロベリーチョコ
×ローストカカオニブ
ダークチョコ
×ピスタチオ
ホワイトチョコ
×フリーズ
ドライラズベリー
抹茶チョコ
×ホワイトチョコ
ダークチョコ
×オレンジピール

マロンアイスクリーム

ミルクアイスに栗あんを練り込んだリッチな風味

材料（約3～4人分・約500mℓ）

発酵栗あん（作り方p.24参照）……150g
牛乳……300mℓ
卵黄……1個
てんさい糖……50g

作り方

① 鍋に牛乳とてんさい糖の半量を入れて火にかけ、沸騰直前まで温める。

② ボウルに卵黄と残りのてんさい糖を入れて混ぜ、①を加えて溶きのばし、鍋に戻し、弱火で少しとろみがつくまで火を入れたら、漉しながらボウルにあけ、氷水にあてて冷ます。

③ バットもしくは保存容器に②を入れてラップをし、冷凍庫で3～4時間冷やす。少し固まりかけたところで冷凍庫から出し、スプーンで全体をかき混ぜる（もしくはフードプロセッサーやハンドブレンダーにかける）。これを2～3回繰り返しながら冷やし固め、最後に発酵栗あんを練り込む。

冷凍保存で7日間可能（日を追うごとにかたくなります）。

☞ これもおすすめ

かぼちゃあん　さつまいもあん　にんじんあん　紫いもあん

紫いもアイスクリーム

乳製品、砂糖、卵不使用のヘルシーアイス

材料（約3～4人分・約450mℓ）

発酵紫いもあん（作り方p.19参照）……200g
A
- 豆乳……200mℓ
- 太白ごま油……30mℓ
- メープルシロップ……50mℓ

黒炒りごま……適量

作り方

① Aを鍋に入れて沸騰直前まで温める。

② ①の粗熱を取り、発酵紫いもあんを加えて混ぜ、バットもしくは保存容器に流してラップをし、冷凍庫で3～4時間冷やす。少し固まりかけたところで冷凍庫から出し、スプーンで全体をかき混ぜる（もしくはフードプロセッサーやハンドブレンダーにかける）。これを2～3回繰り返しながら冷やし固める。

③ 器に盛り、黒炒りごまを飾る。

冷凍保存で7日間可能（日を追うごとにかたくなります）。

☞ これもおすすめ

かぼちゃあん　さつまいもあん　にんじんあん

動物カップケーキ

じゃがいもあん

生地にもクリームにもベジあんがたっぷり！

材料（直径4cmマフィン型8個分）

生地

発酵じゃがいもあん（作り方p.18参照）……80g
卵……1個
てんさい糖……50g
無塩バター……50g
牛乳……50mℓ
A
- 薄力粉……100g
- ベーキングパウダー……3g

トッピングのクリーム

発酵じゃがいもあん（作り方はp.18参照）……30g
牛乳……90g
B
- てんさい糖……22g
- コーンスターチ……10g

無塩バター……50g
バニラオイル……少々

チョコペン（ホワイト・ブラック・ピンク・ブラウン）など……適量

下準備

- Aは合わせてふるう。
- Bはよく混ぜる。
- 生地用の無塩バターは湯煎で溶かす。
- クリーム用の無塩バターは常温に戻す。
- オーブンは180℃に予熱する。

作り方

① **〈生地を作る〉**卵を溶きほぐし、てんさい糖、無塩バター、牛乳の順に加えながら混ぜる。

② Aを加え、ゴムベラで練らないようにさっくりと混ぜたら、グラシンカップを敷いた型に少量流して発酵じゃがいもあんを入れて、さらに上から生地を流す。180℃のオーブンで15分焼き、冷ます。

③ **〈トッピングのクリームを作る〉**鍋に牛乳を温める。ボウルにBを入れて牛乳で溶きのばし、漉しながら鍋に戻し入れる。常に混ぜながらクリームを炊いたら、ボウルにあけて氷水にあてて急冷させる。

④ クリーム用の無塩バターを白っぽくなるまで泡立てたら、氷水にあてながら③と発酵じゃがいもあんを少しずつ加えて泡立て、バニラオイルを加え、絞れるかたさになったら直径1cmの丸口金をセットした絞り袋に入れる。

⑤ ②の上に④を丸く絞り、チョコペンで好みに顔を描く。耳などは別途セロファンなどに絞って冷やし固めたものを使う。

冷蔵保存で2日間可能

☞ これもおすすめ　クリーム　かぼちゃあん　栗あん　さつまいもあん　にんじんあん　生地　すべてOK

スイートポテトパイ

さつまいもあん

ベジあんを使えば、フィリング作りもラクチン！ 簡単本格パイのでき上がり

材料（2個分）

冷凍パイシート（10×20㎝）……1枚
発酵さつまいもあん（作り方p.19参照）……75g
無塩バター……8g
てんさい糖……5g
生クリーム……大さじ½
卵……5g
ラム酒……小さじ⅓
おからパウダー……大さじ1（4g）
卵（照りたま）……適量
黒ごま……適量

下準備

・発酵さつまいもあんはフードプロセッサーにかけるか漉す。
・冷凍パイシート以外の材料は常温に戻す。
・冷凍パイシートは使う10分程度前に冷凍庫から出す。
・オーブンは190℃に予熱する。

作り方

① **〈フィリングを作る〉**ボウルに無塩バターをほぐし、てんさい糖、発酵さつまいもあん、生クリーム、卵、ラム酒、おからパウダーの順に加え混ぜる。

② ①を鍋に入れて弱火にかけ、混ぜる。絞れる程度のかたさに水分が飛んだら直径1㎝の星口金をセットした絞り袋に入れる。

③ **〈パイ生地を成形する〉**冷凍パイシートは2等分し正方形にする。それぞれを三角形に折り、折り山の縁から1㎝のところに2カ所切り込みを入れる（a）。

④ ③を開いたら（b）、切れ込み部分を交差させる（c）。

⑤ ④の中央に②を絞って、表面のパイ生地に卵を塗り、フィリングに黒ごまを散らし、190℃のオーブンで約20分焼く。

常温保存で2日間可能。

さつまいもあんを使用すれば、面倒なさつまいもを茹でて漉したりする作業がなくなり、さらに砂糖の量も減らせます。

a
縁から1㎝のところに2カ所切り込みを入れる。

b
生地を開いたところ。

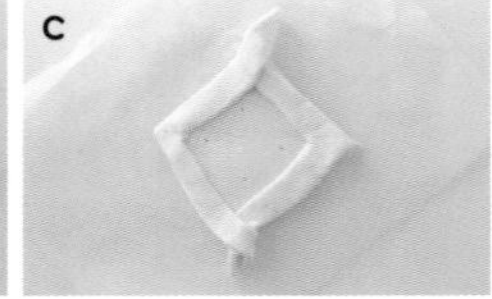
c
左右に交差させる。

これもおすすめ　かぼちゃあん　じゃがいもあん　にんじんあん

さつまいもあんと黒ごまのケーキ

さつまいもあん

さつまいもあんと黒ごまでほっこりとおいしい!

材料(直径15㎝デコ缶1台分)

発酵さつまいもあん(作り方p.19参照)……200g
無塩バター……100g
てんさい糖……80g
塩……ひとつまみ
卵……2個
A
- 薄力粉……130g
- ベーキングパウダー……4g

黒ごま……大さじ1
粉糖……適量

下準備

・型に製菓用シートを敷く。
・オーブンは160℃に予熱する。
・Aの粉類は合わせてふるう。
・無塩バターは常温に戻す。

作り方

① ボウルに無塩バターをほぐし、てんさい糖と塩を加えてすり混ぜ、発酵さつまいもあんを加えて全体をよく混ぜる。

② 卵を少しずつ加えて、A、黒ごまの順に加えて混ぜる。

③ 型に流して、160℃のオーブンで約50分焼き、粗熱が取れたら好みで粉糖をふる。

常温保存で4日間可能
(夏場は冷蔵保存で4日間可能)。

ボウルに材料を混ぜていくだけで作れるお手軽ケーキ。お子様のおやつにもぴったりです。

☞ これもおすすめ　かぼちゃあん　じゃがいもあん　にんじんあん　紫いもあん

紫いもあん

グリーンピースあん

ベジあん蒸しケーキ

グリーンピースあん

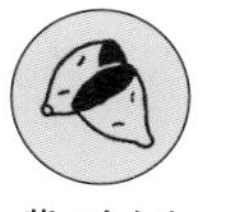

紫いもあん

蒸しケーキはベジあんの色がきれいに出ます

材料（100㎖のプリン型各８個分）

A

発酵グリーンピースあん
（作り方p.20参照）…………100g

B

発酵紫いもあん（作り方p.19参照）
……………………………100g

A、B共通

てんさい糖……………………20g
豆乳……………………………50㎖
卵………………………………½個
サラダ油………………………大さじ1
薄力粉…………………………100g
ベーキングパウダー……………4g
ドライフルーツ（A用：クランベリー、ブルーベリー、オレンジ／B用：ミックスレーズン）……………各適量

下準備

・蒸し器はしっかりと蒸気を上げておく。

作り方

① 薄力粉、ベーキングパウダーは合わせてふるい、ボウルに入れる。

② AもしくはB、卵、サラダ油、豆乳、てんさい糖を混ぜて①に加えてよく混ぜる。

③ プリン型の中に、カップケーキのグラシンカップを敷き、②を8等分に均等に流し、ドライフルーツをのせる。

④ 蒸し器に入れて約12～15分蒸す。

お好みのベジあんで作ってください。朝食やおやつにもおすすめ。

これもおすすめ　すべてOK

ベジあんのガトーインビジブル

グリーンピースあん

にんじんあん

断面が美しいフランスのお菓子。２種のベジあんで仕上げました

材料（18㎝パウンド型1台分）

A
- 発酵にんじんあん（作り方p.21参照）……40g
- 薄力粉……45g

B
- 発酵グリーンピースあん（作り方p.20参照）…40g
- 薄力粉……45g

C
- 薄力粉……30g

卵……2個
てんさい糖……60g
牛乳……70g
無塩バター……50g
りんご……1½個（450g）
アーモンドスライス……適量
粉糖……適量

下準備

・りんごは皮と芯を取り除き、薄くスライスして塩水につける。
・薄力粉はそれぞれふるう。
・無塩バターは湯煎で溶かす。
・パウンド型に製菓用シートを敷く。
・オーブンは170℃に予熱する。

作り方

① ボウルに卵をほぐし、てんさい糖、牛乳、溶かしバターの順に加え混ぜる。

② ①を別々のボウルに3等分に分け、それぞれA、B、Cを加えて混ぜる。

③ りんごは3等分にして②の生地にそれぞれ加えてさっとなじませ、A、B、Cの生地の順番にりんごを1枚ずつ並べながら型に敷き詰めていく。残った生地を流し入れ、表面をならし、アーモンドスライスを散らす。

⑤ 170℃のオーブンで60分焼く。焼き上がったら粗熱を取り、冷めたら型から外して粉糖をふる。

冷蔵保存で3日間可能。

☞ これもおすすめ　すべてOK

じゃがいもあんのスコーン

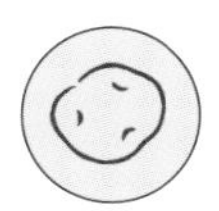

じゃがいもあん

冷めてもしっとり感が続きます

材料（直径4.5cm抜き型約5個分）

発酵じゃがいもあん（作り方p.18参照）……30g

A
- 全卵……20g
- 牛乳……30g

チョコチップ……10g

B
- 薄力粉……50g
- 強力粉……60g
- ベーキングパウダー……6g

無塩バター……40g

牛乳……適量

砂糖の代わりにじゃがいもあんを加えて作るスコーン。じゃがいもあんを加えていることで冷めても生地がかたくならず、おいしく食べられます。

下準備

- Bの粉類は合わせてふるう。
- 無塩バターは冷たいまま1cm角に切る。
- オーブンは190℃に予熱する。

作り方

① ボウルに発酵じゃがいもあんとAを合わせて混ぜる。

② 別のボウルにBと無塩バターを入れ、指で無塩バターを軽くつぶす。①とチョコチップを加え、練らないように生地をまとめ、めん棒で2cmくらいの厚みに整える。

③ ②をラップで包み、冷蔵庫で2時間以上休ませる。

④ 直径4.5cmの丸抜き型に打ち粉（強力粉・分量外）をふり、型抜きする。表面に刷毛で牛乳を塗り、190℃のオーブンで約15〜17分焼く。

常温保存で3日間可能。

これもおすすめ　かぼちゃあん　さつまいもあん　にんじんあん

かぼちゃあんとキウイのヨーグルトバーク

かぼちゃあん

混ぜて冷やすだけ！ お子様にも簡単で仕上がりも満足！

材料（2人分）

発酵かぼちゃあん（作り方p.16参照）……50g
プレーンヨーグルト（無糖）……200g
はちみつ……大さじ½
キウイ（緑・黄色）……各½個
ドライフルーツ
（ラズベリー、ブルーベリー）……各適量

下準備

・**〈水切りヨーグルト生地を作る〉**
ざるにキッチンペーパーを敷いてプレーンヨーグルトをのせ、一晩おいて水けをきる。

作り方

① 水きりヨーグルトとはちみつを混ぜる。
② バットにオーブンシートを敷き、①を広げ、発酵かぼちゃあんをランダムにかける。
③ 皮をむいて輪切りにしたキウイを②の上にのせ、ドライフルーツを散らして（a）、冷凍庫で冷やし固める。
④ 食べやすい大きさに割って器に盛る。

冷凍保存で5日間可能。

a

冷やし固めた状態。

水きりヨーグルトとかぼちゃあんで作るヨーグルトバークです。かぼちゃあんを使用することで、ヨーグルトに加えるはちみつの量を減らせます。

☞ **これもおすすめ** すべてOK

紫いもあんのヨーグルトパフェ

紫いもあん

ベジあんの色を生かした甘さ控えめのパフェ！

材料（2人分）

発酵紫いもあん（作り方p.19参照）…… 150g
プレーンヨーグルト（無糖）…… 100g
生クリーム …… 50g
上白糖 …… 15g
コーンフレーク …… 10g
いちご、ブラックベリー、ブルーベリー …… 各適量
シガレット（葉巻型クッキー　市販品）…… 4本
ミント …… 適量

作り方

① ボウルにヨーグルトと上白糖を入れてよく混ぜ、しっかりと泡立てた生クリームと混ぜ合わせる。

② 器にコーンフレークを入れ、発酵紫いもあん、①の順に入れる。

③ ②の上にさらに発酵紫いもあんとコーンフレークをのせ、いちごのスライス、ブラックベリー、ブルーベリーを飾り、シガレット、ミントの葉を添える。

ヨーグルトを混ぜた生クリームがベジあんにマッチ。ベジあんの色がアクセントになり、華やかなデザートに。

☞ これもおすすめ　すべてOK

ピーナッツあんのソフトクッキー

ピーナッツあん

ピーナッツあんを作ったらぜひ試してほしい一品

材料（作りやすい分量・約17個分）

発酵ピーナッツあん（作り方p.23参照）……100g
無塩バター……65g
てんさい糖……80g
卵……15g
薄力粉……110g

下準備

・材料はすべて常温に戻す。
・薄力粉はふるう。
・オーブンは170℃に予熱する。

あんを練り込んだソフトクッキー。焼き時間を追加すればしっかりとしたクッキーにも。ピーナッツの風味がしっかりと味わえます。焼き上がりは崩れやすいため、天板にのせたまま粗熱を取り、その後網に移して冷ますといいでしょう。

作り方

① 無塩バターをほぐし、てんさい糖、発酵ピーナッツあん、卵の順に加えてよく混ぜる。

② 薄力粉を加えてさっくりと混ぜ、ラップをして冷蔵庫で2時間休ませる。

③ ②を20gずつ丸め、オーブンシートを敷いた天板にのせて、フォークに打ち粉（強力粉・分量外）で生地を押すようにつぶして、模様をつける。90度向きを変えて格子模様になるようにフォークで生地を押して平らにする（a）。

④ 170℃のオーブンで約10～12分焼く。

密閉容器に移し、常温保存で5日間可能。

格子柄になるようにフォークで模様をつけ、生地を平らにする。

かぼちゃあんクッキー

かぼちゃあん

生地を丸めて焼くだけの簡単クッキー

材料（13～15個分）

発酵かぼちゃあん（作り方p.16参照）……40g
無塩バター……25g
てんさい糖……20g
卵……5g
A
| 薄力粉……50g
| ベーキングパウダー……1g
アーモンドダイス……10g
パンプキンシード……13～15粒
バニラオイル……少々

下準備

・Aの粉類は合わせてふるう。
・無塩バターは常温に戻す。
・オーブンは160℃に予熱する。

作り方

① ボウルに無塩バターをほぐし、てんさい糖、発酵かぼちゃあん、卵、バニラオイルの順に加えてよく混ぜたら、Aとアーモンドダイスをさらに加えてさっくりと混ぜる。

② ①の生地を10gずつ丸め、オーブンシートを敷いた天板にのせて、指で生地の中央をくぼませたらパンプキンシードを刺す。

④ 160℃のオーブンで約17～20分焼く。

密閉容器に移し、常温保存で5日間可能。

生地を丸めてパンプキンシードを刺す工程はお子様と一緒に作れます。素朴なかぼちゃのおいしさが楽しめるクッキーです。

これもおすすめ　さつまいもあん　じゃがいもあん　にんじんあん

ベジあんカラフルおはぎ

発酵ベジあんの色を生かしたベジおはぎ。甘さ控えめなのもうれしい

材料（15個分・各3個）

もち米……1合（180mℓ）
米（うるち米）……½合（90mℓ）
水……270g
塩……小さじ½

あん衣

A
発酵かぼちゃあん（作り方p.16参照）……90g

B
発酵栗あん（作り方p.24参照）……90g

C
発酵グリーンピースあん（作り方p.20参照）……90g

D
発酵にんじんあん（作り方p.21参照）……90g

E
発酵紫いもあん（作り方p.19参照）……90g

A〜E共通

おからパウダー……各9g
はちみつ……各15g

下準備

- もち米と米（うるち米）は合わせてといで、分量の水に1時間以上浸水する。
- 発酵ベジあんはそれぞれフードプロセッサーにかける。

作り方

① 浸水した米に塩を加えて炊飯する。炊き上がったら熱いうちに、すりこぎなどでご飯を半分程度つぶし、15個に分ける。

② 〈あん衣を作る〉A〜Eの発酵ベジあんにそれぞれおからパウダーとはちみつを加えてよく混ぜる。

③ ②をそれぞれ3個に分けて丸め、ラップに挟んで平らに丸くのばして上のラップをはがし、①をのせて包む。

- 発酵ベジあんはフードプロセッサーにかけることで色がきれいに発色します。
- 発酵ベジあんは、ご飯と合わせた状態で長時間常温でおいておくと、性質上発酵が進んで、水が出る場合があるので、作ったら早めにお召し上がりください。作りおきには向きません。

かぼちゃあん

栗あん

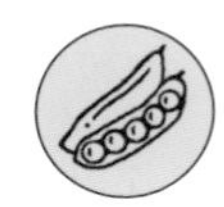
グリーンピースあん

にんじんあん

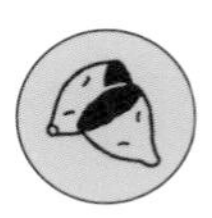
紫いもあん

☞ これもおすすめ　すべてOK

栗あん
にんじんあん
グリーンピースあん
かぼちゃあん
紫いもあん

ピーナッツ最中

ピーナッツあん

ピーナッツあんの風味をしっかり味わえる絶品

材料（3個）

発酵ピーナッツあん（作り方p.23参照） …… 30g
無塩バター …… 5g
てんさい糖 …… 5g
A
- 白味噌 …… 3g
- コンデンスミルク …… 4g
- メープルシロップ …… 5g

おからパウダー …… 7g
ピーナッツ …… 4粒
ミニ最中の皮 …… 3組（6枚）

下準備

・無塩バターは常温に戻す。

作り方

1. ボウルに無塩バターをほぐして、てんさい糖を加えてすり混ぜる。発酵ピーナッツあん、Aを加えてさらに混ぜる。
2. おからパウダー、粗く刻んだピーナッツを加えて混ぜる。
3. 最中の皮に挟む。

冷蔵保存で3日間可能。

粗く刻んだピーナッツを加えることで食感も加わりおいしさもアップします。

栗あん

かぼちゃあん×グリーンピースあん

豆腐のベジあん 茶巾絞り

豆腐とベジあんを合わせたヘルシーおやつ

かぼちゃあん

栗あん

グリーンピースあん

材料（4個・各2個分）

栗あん

発酵栗あん（作り方p.24参照）……30g
てんさい糖……10g
おからパウダー……8g
木綿豆腐（水けをしっかりきったもの）……20g

かぼちゃあん×グリーンピースあん

発酵かぼちゃあん（作り方p.16参照）……15g
発酵グリーンピースあん（作り方p.20参照）……15g
てんさい糖……各4g
おからパウダー……各4g
木綿豆腐（水けをきったもの）……各10g

下準備

・木綿豆腐はキッチンペーパーで包んで、バットなどをのせて重石をし、2時間以上おいて水けをきる。20gと10g×2に計量する。

☞ これもおすすめ　すべてOK

作り方

① **〈栗あんを作る〉**発酵栗あんと木綿豆腐20gをフードプロセッサーにかけて混ぜ、てんさい糖とおからパウダーを加えて混ぜる。

② **〈かぼちゃあん×グリーンピースあんを作る〉**発酵かぼちゃあんは木綿豆腐10gとともにフードプロセッサーにかけて混ぜ、てんさい糖とおからパウダーを加えて混ぜる。発酵グリーンピースあんも同様に行う。

③ **〈茶巾を作る〉**栗あんは①を2等分にして手で丸め、それぞれをラップで包んで閉じ目をしっかりと絞る。かぼちゃあんとグリーンピースあんは②をそれぞれ2等分にして、4個にする。かぼちゃあんとグリーンピースあんを2つに合わせて手で丸め、ラップで包んで閉じ目をしっかりと絞る。もう1つも同様に絞る。

冷蔵保存で2日間可能。

ベジあんおやき

具材にベジあんを使用。優しい風味をそのまま味わえます

材料（6個分・各2個）

発酵かぼちゃあん（作り方p.16参照）……40g
発酵グリーンピースあん（作り方p.20参照）……40g
発酵じゃがいもあん（作り方p.18参照）……40g

A
- 薄力粉……75g
- 強力粉……75g
- ベーキングパウダー……6g

てんさい糖……10g
塩……ひとつまみ
熱湯……75mℓ
サラダ油……適量
水……大さじ2

下準備

・Aの粉類は合わせてふるう。

☞ これもおすすめ　すべてOK

作り方

① 発酵ベジあんはそれぞれ2等分（各20g）にする。

② ボウルにA、てんさい糖、塩をよく混ぜ、菜箸で混ぜながら、熱湯を少しずつ注ぎ入れる。2分ほどよく手でこね、ひとまとめにしてふんわりとラップをして室温で30分おいて生地を休ませる。

④ ②の生地を6等分に分け、打ち粉（薄力粉・分量外）をして平たくのばして①を包んで丸く成形する。

⑤ フライパンにサラダ油を引いて熱し、④の両面に焼き色がついたら、水を加えて蓋をし、水分が飛ぶまで蒸し焼きにする。

常温保存で2日間可能。

生地はあんが包めるようにしっかりと手で広げてください。生地の広げ方が小さいとあんが外に出てしまうので気をつけましょう。

かぼちゃあん

グリーンピースあん

じゃがいもあん

栗あん
かぼちゃあん
紫いもあん

ベジあん羊羹

かぼちゃあん

栗あん

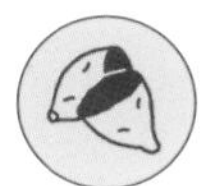
紫いもあん

砂糖不使用。ベジあんと寒天、水だけで作れるひんやり菓子

材料（14.8×13.5㎝卵豆腐型各1台分）

A
発酵かぼちゃあん（作り方p.16参照）……450g

B
発酵栗あん（作り方p.24参照）……450g

C
発酵紫いもあん（作り方p.19参照）……450g

A～C共通
粉寒天……各8g
水……各200㎖

下準備

・発酵ベジあんはフードプロセッサーにかけるか漉す。

作り方

① 鍋に水、粉寒天を加えて火にかける。よく混ぜながら寒天を溶かす。

② 沸騰したらそのまま1～2分混ぜ続けて火を止める。発酵ベジあん（A～Cのいずれか）を加え、再び火にかけて混ぜながら1～2分さらに火を入れる。

③ 水でぬらした型に流して平らにならし、冷蔵庫で冷やし固める。固まったら好みの大きさに切る。残りも同様に作る。

冷蔵保存で3日間可能。

ベジあんの甘みだけを引き出したあっさりとした口あたりの羊羹です。甘さが欲しいときは、てんさい糖を加えたり、黒蜜などをかけていただくのもおすすめです。

これもおすすめ　すべてOK

かぼちゃあんラッシー

かぼちゃあん

乳酸菌たっぷりの美腸ドリンク

材料（2人分）

A
- 発酵かぼちゃあん（作り方p.16参照）……120g
- 牛乳……150㎖
- 無糖ヨーグルト……150㎖
- 水……50㎖
- レモン果汁……小さじ1

シナモンパウダー……適量
パンプキンシード……適量

作り方

① Aをすべてミキサーに入れて撹拌する。
② 氷を入れたグラスに注ぎ、シナモンパウダーとパンプキンシードを散らす。

かぼちゃあんとヨーグルトの酸味が好相性。さっぱりといただけます。

☞ これもおすすめ　さつまいもあん　にんじんあん

にんじんあんとりんごのジュース

王道のビタミンドリンクが
さらにパワーアップ

にんじんあん

材料（2人分）

発酵にんじんあん（作り方p.21参照）……100g
りんご……½個（125g）
レモン果汁……小さじ1
水……200㎖

作り方

① りんごは芯と皮を取り除き、ほかの材料とともにミキサーで撹拌する。

② 氷を入れたグラスに注ぐ。

にんじんあんとりんごの風味がベストマッチ。さらっと飲みたいときは水の量を増やしてみてください。

これもおすすめ
かぼちゃあん　さつまいもあん

さつまいもあんとバナナの豆乳ココアドリンク

カリウムたっぷり！
朝におすすめ

さつまいもあん

材料（2人分）

発酵さつまいもあん（作り方p.19参照）……80g
バナナ（完熟）……1本（100g）
豆乳……150㎖
水……150㎖
メープルシロップ……大さじ½
ココアパウダー（無糖）……小さじ1

作り方

① すべての材料をミキサーに入れて撹拌する。

② 氷を入れたグラスに注ぐ。

さつまいもあんとバナナで少量でもパワーチャージできるドリンクです。むくみが気になるときにもおすすめ。

これもおすすめ
かぼちゃあん　栗あん

にんじんあんとりんごのジュース

さつまいもあんとバナナの豆乳ココアドリンク

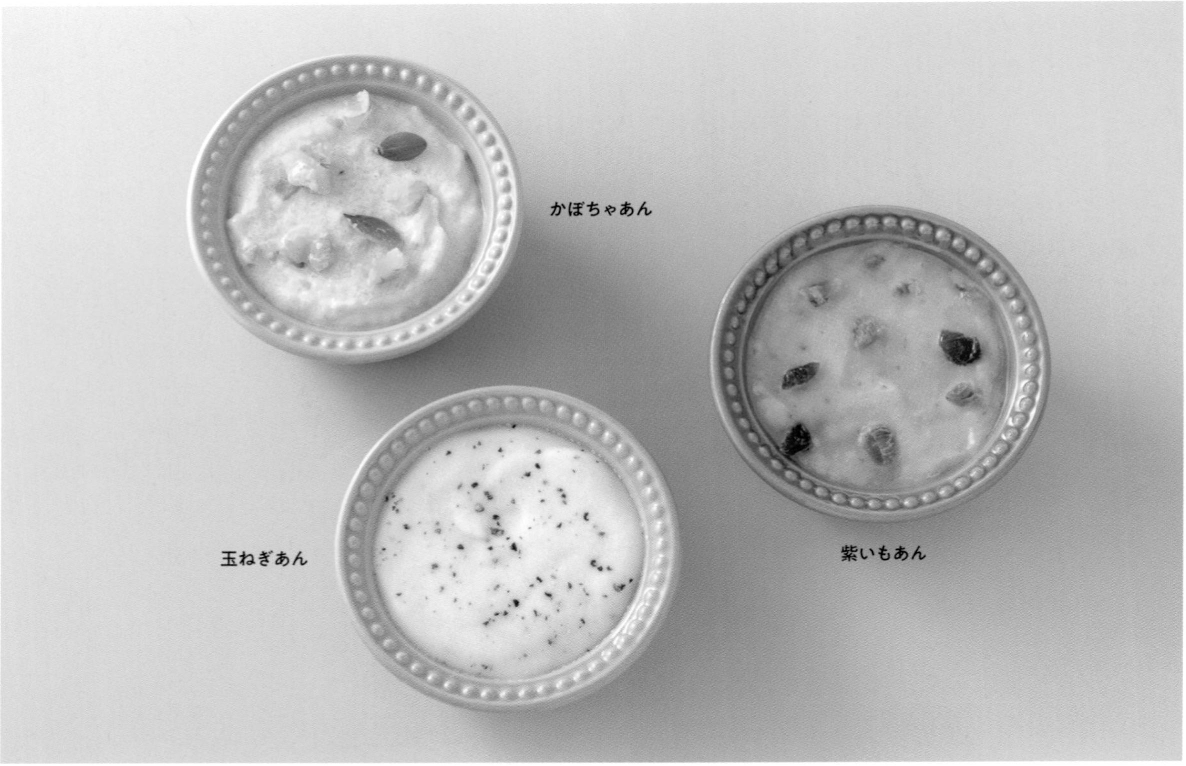

かぼちゃあん

玉ねぎあん

紫いもあん

ベジあんバター

ヘルシーな植物性バターが作れます

材料（作りやすい分量・各420g）

A
- 発酵かぼちゃあん
  （作り方p.16参照）…………240g

B
- 発酵玉ねぎあん
  （作り方p.22参照）…………240g

C
- 発酵紫いもあん
  （作り方p.19参照）…………240g

A くるみ、パンプキンシードなどの
　ナッツ……………………………計30g
B 黒こしょう………………………適量
C ミックスレーズン………………30g

A〜C共通

ココナッツオイル
（固まっているもの）……………200g
りんご酢……………………………小さじ2
塩……………………………………小さじ½

☞ **これもおすすめ** すべてOK

作り方

① （A〜C共通）フードプロセッサーにココナッツオイルと塩を入れて、クリーム状になるまで撹拌する。リンゴ酢を加えてさらに撹拌し、全体になじませる。

② A〜Cのいずれかの発酵ベジあんを加えて再度撹拌する。

③ Aには刻んだナッツ、Bには黒こしょうを加えてへらなどで混ぜ、Cには刻んだレーズンを混ぜ、ココナッツオイルが溶けないうちに保存容器に入れて冷蔵保存する。

冷蔵保存で7日間可能。

- ベジあんバターは、油と水分が分離しやすいのでフードプロセッサーがないと作れません。またでき上がったバターはすぐに器に移して冷やしてください。常温で時間が経過してしまうとココナッツオイルとベジあんが分離してくるので、気をつけましょう。
- ココナッツオイルが溶けている場合は、冷蔵庫で固まらせてから調理してください。

かぼちゃあん

玉ねぎあん

紫いもあん

パリブレスト用シュー生地

リング状のシュー生地パリブレストは自転車の車輪を模したものだそう。
クリームがたっぷり挟めて豪華なデザートになります

ここで使用

p.64
「ピーナッツあんパリブレスト」

材料（直径8㎝6個分）

A
- 水……50g
- 牛乳……50g
- 無塩バター……45g
- てんさい糖……2g
- 塩……ひとつまみ

薄力粉……56g
▶ふるう

卵……約2個
（生地のかたさにより調節）

アーモンド……適量
▶粗く刻む

作り方

① 鍋にAを入れて完全に沸騰させる。

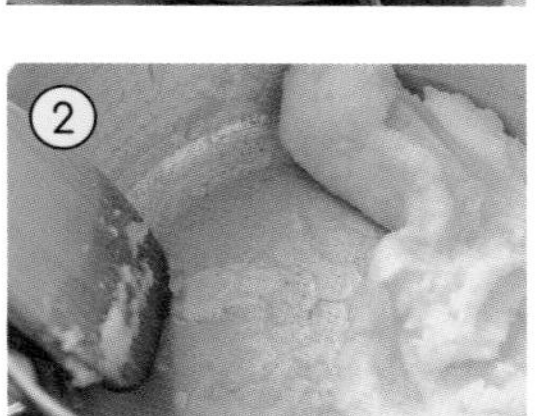

② 火を止めて、薄力粉を加えて混ぜ、再び火にかけ、鍋底に膜が張るようになったら火を止める。

③ ボウルに移し、卵を少しずつ加えて練り、ゴムべらですくった生地が逆三角形を保つくらいのかたさなるまで混ぜる。

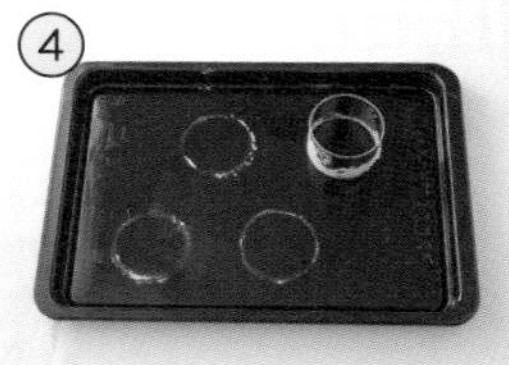

④ バター（分量外）を塗った天板に、直径7㎝程度の丸形に薄力粉（分量外）をはたき、印をつける。

⑤ ③を直径13㎜の丸口金をセットした絞り袋に入れて、生地を④の目印に沿って円形に絞る。

⑥ 刷毛で溶き卵（分量外）を塗る

⑦ フォークで表面を押さえる。

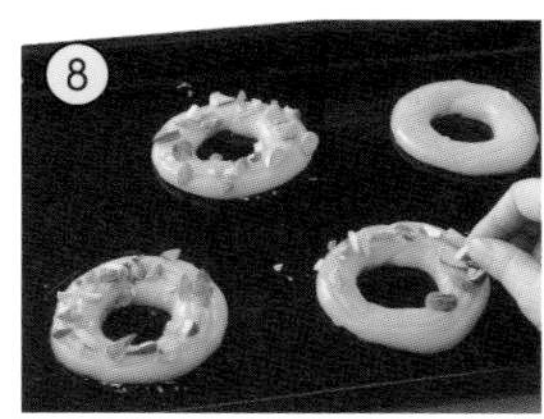

⑧ 表面にアーモンドをのせ、200℃に予熱したオーブンで18分、その後170℃で8分焼く。

シュー生地は生地がかたくてもやわらかくても膨らみません。生地が工程③の逆三角形になるのを必ず確認してください。また焼成中にオーブンの扉を開けると生地がしぼんでしまいます。生地が膨らんで亀裂に色がつくのを確認してから開けてください。

基本のカスタードクリーム

基本のカスタードクリームは
卵黄使用でなめらかさを引き出します

ここで使用

p.64
「ピーナッツあん
パリブレスト」
p.68
「さつまいもあん
クリームのミルクレープ」

材料（でき上がり量・約240g）

牛乳……200g
卵黄……2個
てんさい糖もしくは上白糖……40g
薄力粉……16g
▶ふるう
バニラビーンズ……1/5本

作り方

① 牛乳にバニラビーンズとてんさい糖（もしくは上白糖）を半量加えて火にかけ、沸騰直前まで温める。

② ボウルに卵黄と残りのてんさい糖（もしくは上白糖）を入れて混ぜ、薄力粉を加えて混ぜる。

③ ②に①を加えて溶きのばす。

④ ③を漉しながら①の鍋に戻す。

⑤ 強めの中火で常に鍋の中を混ぜながらクリームを炊き上げる。

⑥ ⑤をバットに移してラップをぴったりとして氷水にあてて急冷させる。

ラップをして冷蔵保存で2日間可能。

・カスタードクリームの生地を炊く際は、ダマができるのを防ぐために終始必ず混ぜながら火にかけてください。
・カスタードクリームはでき上がり後に急冷することで菌の繁殖しやすい温度帯を一気に通り過ぎ、菌の発生増殖を防ぐ効果があります。ラップをして水分の蒸発も防ぎましょう。

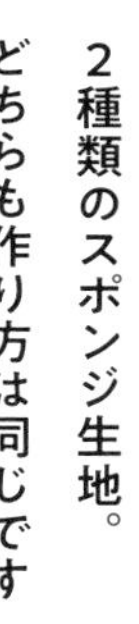

スポンジ生地

2種類のスポンジ生地。
どちらも作り方は同じです

ここで使用

●26×38㎝天板½枚
p.58「かぼちゃあんのレアチーズケーキ」
p.60「モンブランロール」

ここで使用

●15㎝デコ缶
p.66「にんじんあんクリームのデコレーションケーキ」

材料（26×38㎝天板½枚分／15㎝デコ缶）

卵……3個／2個
　▶常温に戻す
上白糖……50g／60g
薄力粉……45g／60g
　▶ふるう
無塩バター……20g／10g

下準備

・無塩バターは湯煎で溶かす。
・オーブンは天板の場合は190℃、デコ缶の場合は170℃に予熱する。

作り方

① ボウルに卵を入れて溶き、上白糖を加え混ぜる。

② ハンドミキサーで生地で文字が書けるくらいまで、しっかりと泡立てる。

③ ②に薄力粉を加えて練らないようにさっくりと切るように混ぜる。

④ 無塩バターを加えて手早く混ぜる。

⑤ 天板で焼く場合はオーブンシートを敷いた天板に広げ、190℃のオーブンで約10～12分焼成、デコ缶で焼く場合は敷き紙を敷いたデコ缶に流して170℃のオーブンで約25分焼成する。

オーブンシートの型紙の作り方

オーブンシートを天板の幅よりやや大きめにカットしたら、手前の2つの角に斜めに切り込みを入れる。

▼

それぞれの側面を天板の深さ分内側に折り込み、角に切り込みを入れる。

▼

切り込みを入れた部分をそれぞれ折り合わせ、型紙と天板が接する面をバターで接着する。

▼

天板½サイズの型紙のでき上がり。

ふんわりとした生地に仕上げるには工程②の卵の泡立てがポイントです。ボリュームが出て、生地で文字が書けるくらいの状態まで泡立ててください。

著者
木村幸子（きむらさちこ）

料理家・お菓子研究家。青山にて人気のお菓子教室「洋菓子教室トロワ・スール」を主宰。NHK文化センター青山／大阪教室にて長年にわたり講座を担当。発酵食やグルテンフリー、低糖質、はちみつを使用した体に優しいお菓子や料理のレシピ開発・監修の実績多数。近年ではギルトフリーやマクロビオティックの店舗や企業のレシピ開発を行うほか、TV・雑誌、WEB での監修・出演・コーディネートにも多数携わる。2012 年2 月に「最大のチョコレートキャンディーの彫刻」の分野にて、ギネス世界記録のお菓子の製作、世界記録と認定される。
著書『発酵あんこのおやつ』（WAVE出版）。『毎日がしあわせになるはちみつ生活』『罪悪感のない間食・夜食』『悪魔のご褒美デビルサンド』『保存容器と電子レンジでできる　アイスクリーム＆シャーベット』（すべて主婦の友社）。料理監修『高野豆腐ダイエットレシピ』（河出書房新社）ほか多数。

公式HP　トロワ・スール　https://trois-soeurs.com
Instagramアカウント　@trois_soeurs

監修
藤井 寛（ふじいひろし）

発酵あんこ研究家・甘酒探求家（甘酒ソムリエ）。
1985年、東京都新宿区生まれ。甘酒造り歴24年、日本全国の蔵元・醸造元の甘酒や甘酒にまつわる情報を発信する甘酒情報サイト「あまざけ.com」を運営している。幼い頃から祖父の漬けた漬物や、手作りの味噌、母親が日常的に作っていた甘酒など、発酵食品に親しみのある環境で育つ。たまたま図書館で見つけた本に刺激を受けて発酵食品を作り出す食品微生物に興味を持ち、東京農業大学へ進学。2013年同大学の大学院を修了。甘酒は日本が誇る発酵食品であるという信念のもと「甘酒探求家（甘酒ソムリエ）」として各地の甘酒を探し求めるとともに、様々な素材で発酵あんこを作ろうと日々探求している。各地講演会やセミナー、テレビ、雑誌などで活躍中。監修『発酵あんこのおやつ』（WAVE出版）がある。

公式HP　あまざけ.com

STAFF

デザイン　武田紗和（フレーズ）
撮影　山本ひろこ
イラスト　羅久井ハナ
料理アシスタント　新井雅美　野上美優
編集・スタイリング　早草れい子（Corfu企画）

材料提供

製菓材料……株式会社富澤商店　https://tomiz.com
米麹…………株式会社伊勢惣　https://www.isesou.co.jp
豆乳…………マルサンアイ株式会社　https://www.marusanai.co.jp/

砂糖不使用。麹と野菜、炊飯器だけでできる!
発酵ベジあんのおかずとおやつ

2020年10月2日　第1版第1刷発行

監修　藤井 寛
著者　木村幸子

発行所　WAVE出版
〒102-0074
東京都千代田区九段南3-9-12
TEL 03-3261-3713
FAX 03-3261-3823
振替 00100-7-366376
E-mail：info@wave-publishers.co.jp
https://www.wave-publishers.co.jp

印刷・製本　萩原印刷

NDC596　95P　26㎝　ISBN 978-4-86621-306-4

参考文献

【書籍】
- 医歯薬出版（編）『日本食品成分表2015年版（七訂）本表編』（医歯薬出版）
- 小泉武夫（編著）『発酵食品学』（講談社）
- 菅原竜幸、福沢美喜男（編著）『Nブックス・食品学Ⅰ［第2版］』（建帛社）
- 菅原竜幸（編著）『Nブックス・改定食品学Ⅱ［第2版］』（建帛社）
- 中村道徳、鈴木繁男（編）『澱粉科学ハンドブック』（朝倉書店）
- 日本豆類協会（編）『新豆類百科：小さな豆から大きな健康』（日本豆類協会）
- 農山漁村文化協会（編）『地域食材大百科〈第1巻〉穀類・いも・豆類・種実』（農山漁村文化協会）
- 農山漁村文化協会（編）『地域食材大百科〈第2巻〉野菜』（農山漁村文化協会）
- 農山漁村文化協会（編）『地域食材大百科〈第3巻〉果実・木の実・ハーブ』（農山漁村文化協会）
- 農山漁村文化協会（編）『地域食材大百科〈第14巻〉菓子類・あん・ジャム・マーマレード』（農山漁村文化協会）
- バーバラ・サンティッチ、ジェフ・ブライアント（編）、山本紀夫（訳）『世界の食用植物文化図鑑-起源・歴史・分布・栽培・料理』（柊風舎）
- 吉田企世子・棚橋伸子（監修）『旬の野菜と魚の栄養事典（エクスナレッジ）
- 渡邊昌（監修）『栄養学の基本』（マイナビ出版）

【論文】
- 倉橋敦、小黒芳史（八海醸造）「麹甘酒に含まれる成分について」日本醸造協会誌第112巻第10号668-674・2017日本醸造協会
- 倉橋敦（八海醸造）「麹甘酒に含まれるオリゴ糖について」温故知新（55）35-40・2018秋田今野商店
- 倉橋敦（八海醸造）「麹甘酒の成分・機能性・安全性」生物工学会誌第97巻第4号190-194・2019日本生物工学会
- 高橋陽子「繊維質と食物繊維」日本食品科学工学会誌第58巻第4号186・2011日本食品科学工学